Tiere	Name und Zeitperiode
	Pliozän 5 Mio.–3 Mio. Jahre

Unteres Pleistozän
3 Mio.–400 000 Jahre

Deinotherium

Urpferdchen

Mittleres Pleistozän
400 000–100 000 Jahre

Säbelzahntiger

Oberes Pleistozän
100 000–10 000 Jahre

Mammut

Riesenhirsch

Holozän
10 000 Jahre–
Geologische Gegenwart

Höhlenbär

PATRICIA THEISEN · THOMAS THIEMEYER

DAS GROSSE BUCH DER STEINZEIT

PATRICIA THEISEN · THOMAS THIEMEYER

DAS GROSSE BUCH DER STEINZEIT

RAVENSBURGER BUCHVERLAG

Die Deutsche Bibliothek – CIP-Einheitsaufnahme:
Das große Buch der Steinzeit /
Patricia Theisen ; Thomas Thiemeyer. –
Ravensburg : Ravensburger Buchverl.
ISBN 3-473-35475-9
NE: Thiemeyer,Thomas; Theisen, Patricia

Bildnachweis:
Archiv für Kunst und Geschichte: 41um
Das Fotoarchiv: 54, 55, 56o, 57o, m
Focus/Science Photo Library: 9, 12, 13o, 17
Willem Mennen: 24, 25, 41or, 48u, 49o, 55om
RDB/Keystone/AP: 13u
Staatliches Museum für Naturkunde Stuttgart: 26u
Thomas Stephan: 41ur, 60, 61
Marc Theisen: 56ul, ur
Universität Innsbruck: 61 ul, ur
Urmensch-Museum Steinheim an der Murr: 21o, 23

1   2   3   97   96   95

Illustrationen und Umschlagbild: Thomas Thiemeyer
Illustrationen auf S. 58/59 und 62/63: Hans-Jürgen Feldhaus
Gutachter: Christoph Roden
Redaktion: Sabine Zürn

ISBN 3-473-35475-9

INHALT

 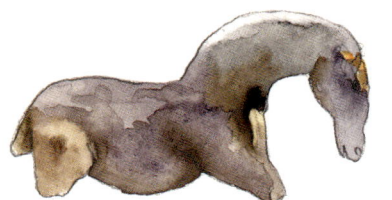  

Ein Tag bei den Urmenschen

Stell dir vor, du wachst eines Morgens auf, schaust dich um und stellst staunend fest, daß du plötzlich in einer anderen Zeit lebst – sagen wir in der Urzeit, vor etwa 300 000 Jahren!

Auf der Erde herrscht die Eiszeit. Weite Teile des europäischen Festlands, darunter England, Skandinavien und ein ganzes Stück Norddeutschlands, liegen unter einer kilometerhohen Eisschicht. Dort, wo kein Eis ist, gibt es riesige Flußtäler mit undurchdringlichen, sumpfigen Auwäldern. Dazwischen liegen mit Gräsern und niedrigen Sträuchern bewachsene Ebenen, ähnlich wie heute die Tundra in Sibirien. Säbelzahnkatzen,

Hyänen und riesige Höhlenlöwen durchstreifen die Gegend auf der Suche nach Beute. Raubtiere wie sie folgen meist den großen Rentier- und Pferdeherden. Vielleicht wachst du auf deiner Zeitreise im Unterschlupf einer Urmenschengruppe auf, nah beim schützenden Feuer und sicher vor herumstreifenden Raubtieren. Dir bleibt nicht viel Zeit zum Wachwerden, denn du mußt gleich mit den anderen Kindern zum Sammeln von Feuerholz aufbrechen. Das Feuer darf niemals ausgehen, denn noch wissen diese Menschen nicht, wie man es wieder anzündet. Erlischt es doch einmal, müssen sie warten, bis ein Blitz in einen Baum einschlägt und ihn zum Brennen bringt. Das kann sehr lange dauern und dem Clan

den Tod bringen. Feuer dagegen bedeutet Schutz vor den Löwen und Säbelzahntigern.

Jäger und Sammler

Abgesehen davon, daß du Schwierigkeiten hättest, die einfache, nur aus wenigen Lauten bestehende Sprache der Urmenschen zu verstehen, sehen sie ganz anders aus als wir. Ihr Gesicht ist wie bei den Menschenaffen nach vorn gewölbt. Sie haben große Knochenwülste über den Augen und ein fliehendes Kinn. Trotzdem erinnern sie mehr an Menschen als an Tiere. Die Forscher nennen diese Urmenschen „Homo erectus", was „der

aufrecht gehende Mensch" bedeutet. Die Urmenschen haben sich in vielen Millionen Jahren über viele Zwischenstufen entwickelt. Die Nachkommen dieser Urmenschen sind wir.

Feuerholz sammeln strengt an und macht hungrig. Doch die Frauen und Kinder arbeiten ohne Pause. Wann essen diese Leute überhaupt? Mittag ist schon lange vorüber, und du hast noch immer nichts im Magen.

Ständiger Kampf ums Überleben

Kurz vor Sonnenuntergang kommen die Männer endlich von der Jagd zurück. Sie haben nur ein Stück Wild erbeutet, zu wenig für alle Mitglieder des Clans. Die Urmenschen sitzen um das wärmende Feuer herum. Zu essen gibt es außer einem Stückchen Fleisch getrocknete Beeren und Nüsse. Mit knurrenden Mägen erinnern sich die Männer an ihre letzte erfolgreiche Jagd, bei der sie einen großen Waldelefanten erlegten. Sie beschließen, morgen wieder Biber zu jagen und im nahe gelegenen See zu fischen, um genügend Nahrung für den Clan herbeizuschaffen.

Nach dem kargen Mahl legen sich alle um das wärmende Feuer zum Schlafen. Wenn man sich eng zusammenkuschelt, ist es eigentlich ganz gemütlich, auch wenn du dich jetzt wahrscheinlich auf dein bequemes Bett freuen würdest.

■ Während bei den Urmenschen Frauen und Kinder für Feuerholz sorgten und Beeren sammelten, gingen die Männer auf die Jagd. Doch die großen Tierherden wie Pferde, Rentiere oder Waldelefanten wechselten öfter ihre Weidegründe. Dann wurde die Jagdbeute für die Urmenschen knapp, und sie mußten ihren Lagerplatz verlassen und sich einen neuen Unterschlupf in einem besseren Jagdgebiet suchen.

SILVESTER IN DER ERDGESCHICHTE

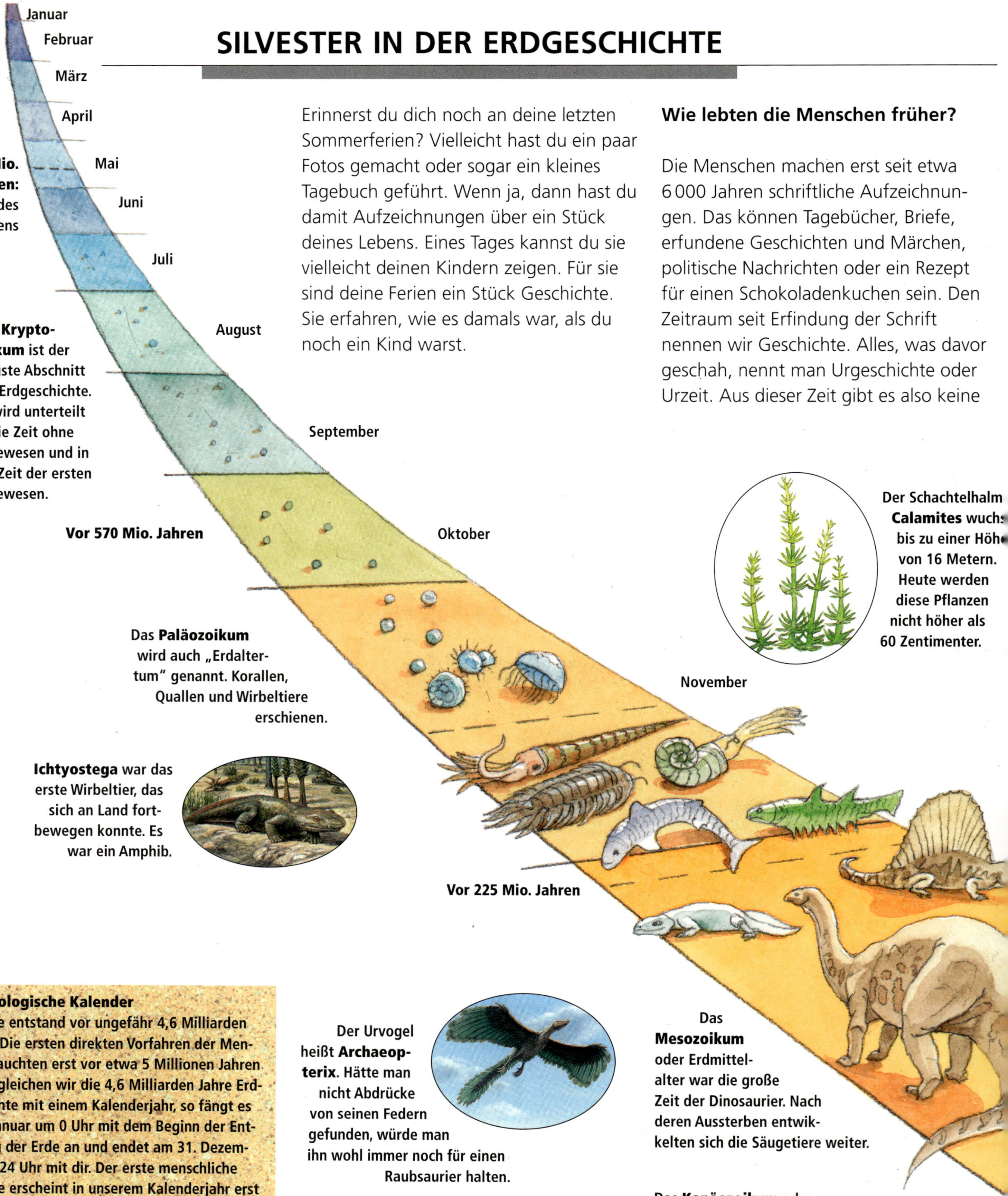

Vor 4600 Mio. Jahren: Entstehung der Erde

Januar

Februar

März

April

Vor 3500 Mio. Jahren: Entstehung des Lebens

Mai

Juni

Juli

Das **Kryptozoikum** ist der längste Abschnitt der Erdgeschichte. Es wird unterteilt in die Zeit ohne Lebewesen und in die Zeit der ersten Lebewesen.

August

September

Vor 570 Mio. Jahren

Oktober

Das **Paläozoikum** wird auch „Erdaltertum" genannt. Korallen, Quallen und Wirbeltiere erschienen.

Ichtyostega war das erste Wirbeltier, das sich an Land fortbewegen konnte. Es war ein Amphib.

Erinnerst du dich noch an deine letzten Sommerferien? Vielleicht hast du ein paar Fotos gemacht oder sogar ein kleines Tagebuch geführt. Wenn ja, dann hast du damit Aufzeichnungen über ein Stück deines Lebens. Eines Tages kannst du sie vielleicht deinen Kindern zeigen. Für sie sind deine Ferien ein Stück Geschichte. Sie erfahren, wie es damals war, als du noch ein Kind warst.

Wie lebten die Menschen früher?

Die Menschen machen erst seit etwa 6 000 Jahren schriftliche Aufzeichnungen. Das können Tagebücher, Briefe, erfundene Geschichten und Märchen, politische Nachrichten oder ein Rezept für einen Schokoladenkuchen sein. Den Zeitraum seit Erfindung der Schrift nennen wir Geschichte. Alles, was davor geschah, nennt man Urgeschichte oder Urzeit. Aus dieser Zeit gibt es also keine

Der Schachtelhalm **Calamites** wuchs bis zu einer Höhe von 16 Metern. Heute werden diese Pflanzen nicht höher als 60 Zentimenter.

November

Der geologische Kalender

Die Erde entstand vor ungefähr 4,6 Milliarden Jahren. Die ersten direkten Vorfahren der Menschen tauchten erst vor etwa 5 Millionen Jahren auf. Vergleichen wir die 4,6 Milliarden Jahre Erdgeschichte mit einem Kalenderjahr, so fängt es am 1. Januar um 0 Uhr mit dem Beginn der Entstehung der Erde an und endet am 31. Dezember um 24 Uhr mit dir. Der erste menschliche Vorfahre erscheint in unserem Kalenderjahr erst am 31. Dezember gegen 10 Uhr morgens. 12 Stunden später, also um 22 Uhr, entdeckt der Mensch das Feuer. Um 23.54 Uhr, das ist sechs Minuten vor dem Silvesterfeuerwerk, werden die Menschen erstmals begraben. In der letzten Minute bemalt der Mensch Höhlenwände, und eine Zehntelsekunde vor 24 Uhr fliegt die erste Weltraumrakete zum Mond. Einen winzigen Bruchteil später wirst du geboren...

Der Urvogel heißt **Archaeopterix**. Hätte man nicht Abdrücke von seinen Federn gefunden, würde man ihn wohl immer noch für einen Raubsaurier halten.

Vor 225 Mio. Jahren

Das **Mesozoikum** oder Erdmittelalter war die große Zeit der Dinosaurier. Nach deren Aussterben entwickelten sich die Säugetiere weiter.

Das **Kanäozoikum** oder Erdneuzeit wird unterteilt in Tertiär und Quartär. Im Tertiär erschienen die ersten Primaten. Das Quartär war die Zeit der Eiszeiten.

Vor 63 Mio. Jahren

Im **Quartär** erschienen die ersten Primaten. Aus ihnen entwickelte sich der Mensch.

schriftlichen Überlieferungen. Woher nehmen wir aber unser Wissen über die Urzeit, wenn es niemanden gab, der aufschreiben konnte, wie es damals war? Die Antwort auf viele Fragen geben uns Funde, die aus dieser Zeit stammen. Angenommen, eine Gruppe von Urmenschen mußte ihren Unterschlupf verlassen, weil nicht mehr genug Wild zum Jagen in ihrer Nähe lebte. Die Menschen packten dann ihren nötigsten Hausrat zusammen und ließen den Rest zurück: die Feuerstelle, vielleicht einige unbrauchbar gewordene Steinwerkzeuge, abgenutzte Felle und ihren Müll.

Megazostrodon war ein Ursäugetier. Um sich vor den Dinosauriern zu schützen, lebte es in den höchsten Baumwipfeln.

Müll macht Geschichte

Wenn heute ein Fachmann eine ehemalige Wohnstätte findet, kann er aus den Funden eine ganze Menge ablesen. Knochenstücke aus dem Müll zeigen ihm zum Beispiel, welche Tiere die Menschen damals gejagt und verzehrt haben. Aus Form und Beschaffenheit eines Knochens erkennt man, um welche Tierart es sich gehandelt hat. Und mit Hilfe von modernen Untersuchungsmethoden (z. B. die Radiokarbonmethode, siehe Seite 61) kann man herausfinden, wann das Tier gestorben ist und daran wiederum, wann die Menschen lebten, die dieses Tier getötet haben.

In der Urzeit beginnt die Geschichte von uns Menschen. Das ist auch die Geschichte von dir und deinen Eltern, von deinen Großeltern und deinen Urgroßeltern, von deinen Ururgroßeltern und so weiter. Wenn du nochmals

Die **Säbelzahntiger** besaßen zwei dolchartige Zähne, mit denen sie ihre Beute aufschlitzen konnten.

100 000 Generationen zurückgehst, dann bist du etwa bei deinen ersten Vorfahren angelangt. Davon lebten wahrscheinlich bis auf die letzten 200 Generationen alle in der Urzeit!

■ Diese Fußabdrücke stammen von einer Familie, die hier vor über 3,7 Millionen Jahren in erkalteter Vulkanasche gelaufen ist. Die Frau trat in die Fußstapfen des Mannes, während das Kind nebenher lief. Die Fußspuren wurden in Laetoli in Tansania am Rand der Serengeti gefunden. Sie sind das erste Zeugnis einer Familie.

Wahrscheinlich starben die letzten **Mammuts** erst vor 4 000 Jahren aus.

Dezember

är

Quartär

Vor 10 000 Jahren

Heute

■ Vorrückende Gletscher

Vor etwa 1,8 Millionen Jahren begann das Eiszeitalter. Jedoch schon 1 Million Jahre vorher veränderte sich das Klima langsam. Die sonst so warmen und langen Sommer wurden zunächst kühler und verregneter als sonst.
Als weitere Folge der Abkühlung schneite es im Winter stärker. Nach und nach schoben sich die großen Gletscher im äußersten Norden der Erdkugel immer weiter nach Süden.

■ Gletscher

Gletscher sind Ströme aus fließendem Eis. Sie entstehen, wenn die Sonne eine sehr dicke Schneedecke oben leicht zum Schmelzen bringt. Der schmelzende Schnee verwandelt sich in rundliche Körner, den Firn. Es schneit und taut wieder, bis eine immer dicker und schwerer werdende Firnschicht entsteht. Jede neue Firnschicht vergrößert durch ihr Gewicht den Druck auf die unteren Schichten. Diese werden so zusammengepreßt, daß die zwischen den Körnern gelagerte Luft herausgedrückt wird. So verschmelzen die Firnkörner zu einer dicken Eisdecke – dem Gletscher. Bis aus Schnee und Firn ein Gletscher geworden ist, vergehen mehrere Jahrhunderte.
Gletscher sind nicht starr, sondern sie schieben sich langsam, aber mit ungeheurer Wucht vorwärts. Dabei reißen sie alles mit, was sich ihnen in den Weg stellt, egal ob Bäume oder Felsbrocken. Je nach seiner Beschaffenheit wird das mitgenommene Material zwischen dem Eis zu feinem Sand, Schutt oder Geröll zerrieben. Diese Ablagerungen nennt man Moränen.

Was bedeutet „Eiszeit"?

Was wir Eiszeit nennen, war in Wirklichkeit eine Folge mehrerer Eiszeiten (Glaziale), zwischen denen jeweils eine Warmzeit (Interglazial) lag. Die Eiszeitforscher rechnen, daß nach etwa 80 000 Jahren Kaltzeit 20 000 Jahre Warmzeit folgten. Demnach fanden in den vergangenen zwei Millionen Jahren etwa 20 Kalt- und Warmzeiten statt.
Die bekanntesten sind die letzten vier. Sie begannen vor 600 000 Jahren und endeten vor ungefähr 10 000 Jahren. Im süddeutschen Raum heißen sie Günz-, Mindel-, Riß- und Würmeiszeit. Der deutsche Geograph Albrecht Penck (1858–1945) benannte sie nach Flüssen, weil er die Vergletscherungen dort am besten nachweisen konnte. Auch die Warmzeiten benannte er nach diesen Flüssen: zwischen Günz- und Mindeleiszeit liegt die Günz-Mindel-Warmzeit, zwischen Mindel- und Rißeiszeit die Mindel-Riß-Warmzeit.
In Norddeutschland lassen sich drei Eiszeiten nachweisen, die ebenfalls nach Flüssen benannt wurden: die Elster-, die Saale- und die Weichseleiszeit. Dabei entsprechen sich zeitlich die Elster- und die Mindeleiszeit, die Saale- und die Rißeiszeit, die Weichsel- und die Würmeiszeit.

Warum gab es Eiszeiten?

Forscher haben errechnet, daß die Sonneneinstrahlung auf der Erde nur um ein Prozent zurückgehen mußte, um eine neue Eiszeit auszulösen. Das konnte geschehen, wenn sich die Umlaufbahn der Erde um die Sonne etwas änderte.
Oder wenn zum Beispiel durch einen Meteoriteneinschlag eine erhöhte Vulkantätigkeit auf der Erde einsetzte und die Vulkanasche in der Luft die Sonneneinstrahlung minderte. Ein anderer denkbarer Grund ist auch, daß sich die geographische Lage der Pole veränderte, wie es in den vergangenen Jahrmillionen tatsächlich mehrfach geschehen ist. Dadurch könnte die Erdkruste in Bewegung geraten sein, wobei riesige Flutwellen ausgelöst und Vulkankrater aufgerissen wurden. Auch die Verlagerung des Golfs von Mexiko gilt als eine der möglichen Ursachen. Das warme Wasser des Golfstroms durchströmt, von Mexiko kommend, den Atlantik und zieht an den Westküsten Europas entlang. Dabei heizt der Golfstrom den Kontinent wie eine Zentralheizung auf. Ohne den Golfstrom wäre es in Europa so kalt wie in Sibirien.

■ Wie weit reichte das Eis?
Zur Zeit der größten Vergletscherungen drang das Eis in Nordeuropa bis an die Mittelgebirge vor. Außerdem waren Teile Sibiriens, Nordamerikas und Patagoniens in Südamerika vereist. Insgesamt bedeckte das Eis eine Fläche von 55 Millionen Quadratkilometern. Das war ungefähr ein Drittel der gesamten Erdoberfläche.

■ Wie kalt war es in der Eiszeit?
In der Würmeiszeit lagen die Durchschnittstemperaturen in Mitteleuropa im Durchschnitt 5 bis 6 °C unter den heutigen Temperaturen. Die Schneefallgrenze sank um etwa 1 000 Meter.

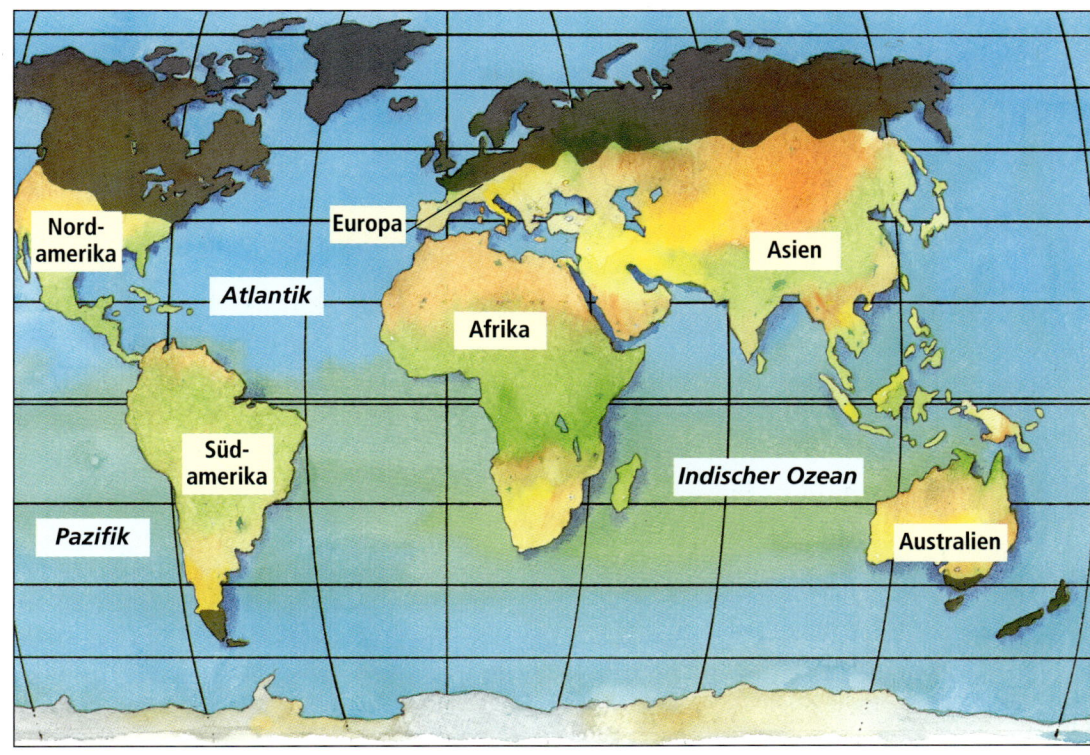

■ Gletscher bei der letzten Eiszeit

Wie das Klima die Entwicklung der Menschen beeinflußte

Bereits vor 8 Millionen Jahren verschlechterte sich das sonst so ausgeglichene Klima auch in Afrika. Die Regenzeiten blieben aus, und die riesigen Wälder, die einst ganz Afrika bedeckt hatten, zogen sich immer weiter zurück. Die Eiszeiten im Norden der Erde waren der Auslöser für die Trockenzeiten in Afrika. Die Wolken, die sich früher während der Regenzeit über Afrika entleert hatten, blieben jetzt aus, weil ihr Wasser im Eis des Nordens gebunden war. Das hatte bedeutende Folgen für die Entwicklung der Menschheit.

Den Tieren tief im Wald und in der Savanne, zum Beispiel den Pavianen, machte der Klimawechsel nicht viel aus. Doch den Arten, die am Waldrand lebten, wurde ihr Lebensraum entzogen, besonders den Menschenaffen, die meist in den Bäumen, aber auch in der Steppe lebten. Für sie begann jetzt der Kampf ums Überleben. Manche Menschenaffenarten zogen sich tiefer in die Wälder zurück und vertrieben andere Bewohner. Andere, weniger starke, paßten sich

allmählich an die neuen Klimaverhältnisse an, die besonders im afrikanischen Hochland zu einer Fülle unterschiedlichster Lebensräume führten. Aus ihnen haben wir Menschen uns entwickelt. Der erste Schritt dazu war, daß sich ein Typ von Menschenaffen aufrichtete und auf zwei Beinen zu laufen begann. So waren diese Affen größer und konnten die Gefahren der Savanne früher erkennen als in gebückter Haltung. Durch den aufrechten Gang wurden die Hände nicht mehr zum Laufen benötigt. Sie entwickelten sich von einfachen Greiforganen zu geschickteren „Werkzeugen". Dies, die Fähigkeit in

einer größeren Gruppe zu leben und die langsame Entwicklung einer Sprache führten zur Vergrößerung des Gehirns. So wurde es möglich, daß nach einigen Jahrmillionen die Nachkommen dieser ersten aufrecht gehenden Arten entdeckten, daß manche Steine spitze Kanten zum Schneiden und Schaben hatten. Von da an war es kein großer Schritt mehr, die Steine selbst zu schärfen, indem man Stücke davon abschlug. Das erste Werkzeug war entstanden – und mit ihm der erste Mensch!

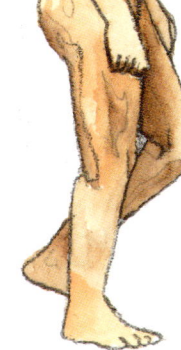

Dryopithecus　　**Australopithecus**　　**Homo habilis**　　**Homo erectus**　　**Homo sapiens**

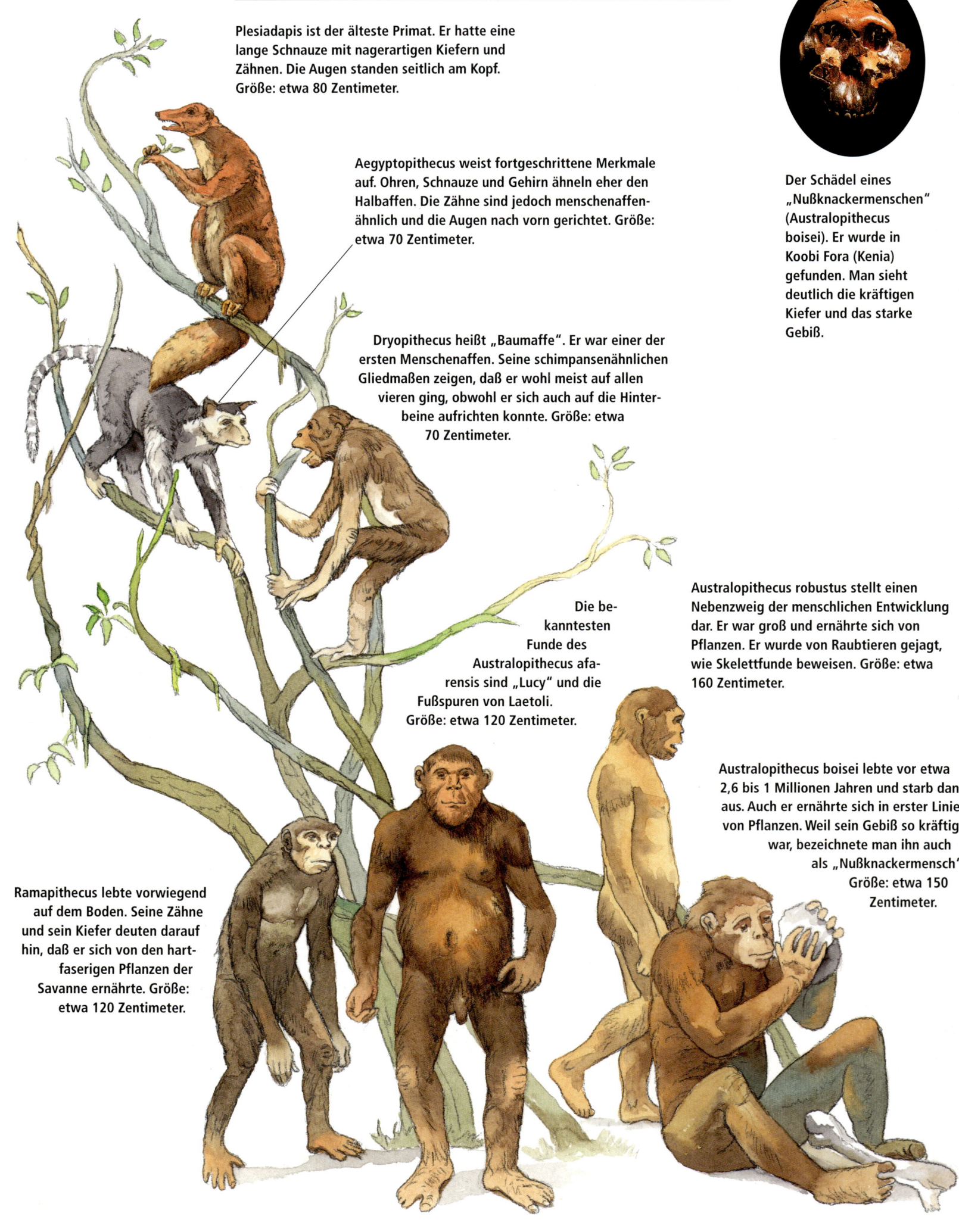

Plesiadapis ist der älteste Primat. Er hatte eine lange Schnauze mit nagerartigen Kiefern und Zähnen. Die Augen standen seitlich am Kopf. Größe: etwa 80 Zentimeter.

Aegyptopithecus weist fortgeschrittene Merkmale auf. Ohren, Schnauze und Gehirn ähneln eher den Halbaffen. Die Zähne sind jedoch menschenaffen-ähnlich und die Augen nach vorn gerichtet. Größe: etwa 70 Zentimeter.

Dryopithecus heißt „Baumaffe". Er war einer der ersten Menschenaffen. Seine schimpansenähnlichen Gliedmaßen zeigen, daß er wohl meist auf allen vieren ging, obwohl er sich auch auf die Hinter-beine aufrichten konnte. Größe: etwa 70 Zentimeter.

Der Schädel eines „Nußknackermenschen" (Australopithecus boisei). Er wurde in Koobi Fora (Kenia) gefunden. Man sieht deutlich die kräftigen Kiefer und das starke Gebiß.

Die be-kanntesten Funde des Australopithecus afa-rensis sind „Lucy" und die Fußspuren von Laetoli. Größe: etwa 120 Zentimeter.

Australopithecus robustus stellt einen Nebenzweig der menschlichen Entwicklung dar. Er war groß und ernährte sich von Pflanzen. Er wurde von Raubtieren gejagt, wie Skelettfunde beweisen. Größe: etwa 160 Zentimeter.

Australopithecus boisei lebte vor etwa 2,6 bis 1 Millionen Jahren und starb dann aus. Auch er ernährte sich in erster Linie von Pflanzen. Weil sein Gebiß so kräftig war, bezeichnete man ihn auch als „Nußknackermensch". Größe: etwa 150 Zentimeter.

Ramapithecus lebte vorwiegend auf dem Boden. Seine Zähne und sein Kiefer deuten darauf hin, daß er sich von den hart-faserigen Pflanzen der Savanne ernährte. Größe: etwa 120 Zentimeter.

Wir alle sind „Herrentiere"

Die Menschen gehören neben den Halbaffen, Affen und Menschenaffen zu den Primaten oder Herrentieren. Einige wesentliche Eigenarten haben alle Primaten gemeinsam: Hände und Füße mit je fünf Fingern beziehungsweise Zehen, mit denen sie gut greifen können, und nach vorn gerichtete Augen, die es ermöglichen, räumlich zu sehen. Ohne diese Eigenschaften könnte sich kein Affe von Baum zu Baum hangeln, ohne sich im Abstand zu verschätzen und abzustürzen – und wir Menschen könnten nicht einmal einen Nagel in die Wand schlagen! Als vor 65 Millionen Jahren die Dinosaurier ausstarben, lebte in den Wäldern Nordamerikas und Europas ein Säugetier mit Namen Plesiadapis. Es sah aus wie ein Eichhörnchen, war aber etwa 80 Zentimeter groß und hatte einen langen Schwanz und kräftige Finger mit scharfen Krallen. Dieser Halbaffe ist der älteste heute bekannte Primat.

Neuwelt- und Altweltaffen

20 Millionen Jahre später entwickelte sich eine Halbaffengruppe weiter zu den Affen. So entstanden zum einen die Neuweltaffen in Nord- und Südamerika und die Altweltaffen in Asien, Europa und Afrika. Der Altweltaffe Aegyptopithecus zeuxis, der vor 30 Millionen Jahren in Ägypten lebte, gilt bei einigen Forschern als letzter gemeinsamer Ahne von Menschenaffen und Menschen.

Vorfahren von Orang-Utan, Schimpanse und Gorilla

Dann folgte Dryopithecus, was „Baumaffe" bedeutet. Er war einer der ersten Menschenaffen. Dryopithecus lebte vor 25 bis etwa 10 Millionen Jahren. Er lief meist auf allen vieren, obwohl er sich schon aufrichten konnte. Ramapithecus war ein Nachkomme des

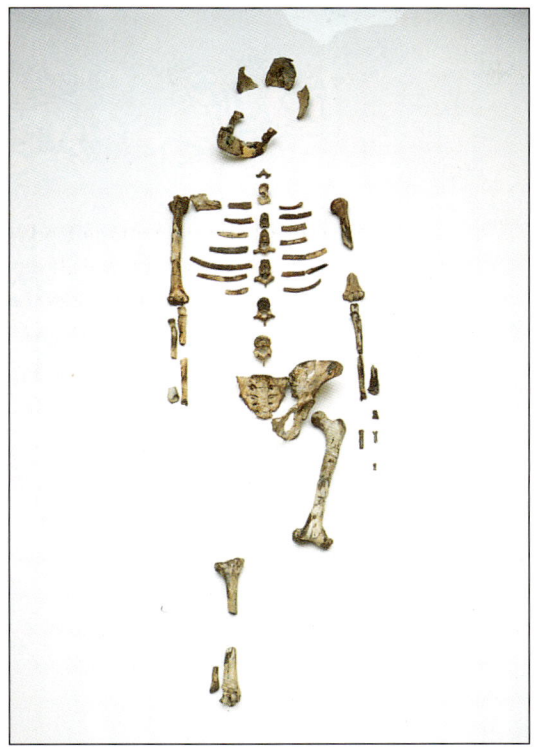

■ Das unvollständige Skelett von Lucy wurde im Jahr 1974 von Donald Johanson entdeckt.

„Baumaffen" und bereits wesentlich weiter entwickelt. Er lebte vor 14 bis 5 Millionen Jahren im weiten Flachland Afrikas, Indiens und Rußlands. Wie die Schimpansen konnte Ramapithecus aufrecht gehen. Lange Zeit galt er als Vorfahre des Menschen, wird heute jedoch eher als ein Vorfahre des Menschenaffen Orang-Utan angesehen.

Unsere ersten menschlichen Vorfahren

Während die Menschenaffen sich in Afrika und Asien gleichzeitig entwickelten, tauchten vor etwa 5 Millionen Jahren die ersten Vormenschen in Afrika auf. Die ältesten Knochenfunde von diesen Vormenschen stammen vom Australopithecus, der zu den Hominiden gehörte. Hominide bedeutet „zur Familie der Menschen gehörig". Australopithecus heißt auf deutsch „Südaffe", weil seine Überreste südlich des Äquators gefunden wurden.

Lucy

Der bislang bekannteste Fund der Vormenschenart Australopithecus heißt „Lucy". Lucy lebte vor 3,6 Millionen Jahren und war nur 1 Meter groß. 1974 wurden 40 Prozent ihres Skeletts in Äthiopien (Afrika) gefunden. Am besten stellst du dir Lucy wie einen kleinen Menschen mit einem Affenkopf vor. Sie hatte lange Arme und kurze Beine wie viele Menschenaffen. Dennoch lief sie aufrecht. Viele Forscher sind der Meinung, daß der Australopithecus schon einfache Werkzeuge benutzte, obwohl sein Gehirn noch ziemlich klein war.

1994 wurde bekannt, daß Forscher in Äthiopien einen neuen, sensationellen Fund gemacht hatten: Ein neuer Urahn des Menschen war entdeckt! Dieser neue Verwandte lebte vor etwa 4,4 Millionen Jahren und könnte das letzte Glied in der Evolutionskette sein, die zu dem immer noch unbekannten gemeinsamen Vorfahren von Menschen und Affen gehört. Australopithecus ramidus, so sein Name, ist rund 800 000 Jahre älter als Lucy, deren Gattung bisher als „erster Mensch" gegolten hatte. Er lebte in einem bewaldeten Gebiet, ging bereits aufrecht, schlief aber auf Bäumen. Seine Ernährung bestand aus Pflanzen und Insekten.

■ Dieser Zahn gehörte einem Australopithecus ramidus. War er der letzte gemeinsame Vorfahre von Affen und Menschen?

1 Deinotherium
2 Hipparion
3 Homotherium
4 Gomphotherium
5 Hippopotamus gorgops
6 Geier
7 Vormenschen
8 Pelorovis
9 Metridiochoerus
10 Agriotherium
11 Megantereon

Schauplatz:
Die afrikanische Savanne vor 4 Millionen Jahren

Friedlich grast eine Antilopenherde in der weiten Savanne. Es ist Mittag, alles ist ruhig. Kaum 100 Meter entfernt tauchen plötzlich die Köpfe von sechs kleinen menschenähnlichen Wesen auf: Australopithecinen. Schon seit Stunden beobachten sie aufmerksam die Herde und folgen ihr unauffällig. Immer wieder schauen sie sich mißtrauisch um, ob sie auch nicht zu weit vom nächsten Baum entfernt sind, auf den sie fliehen können, wenn einer der furchtbaren Säbelzahntiger auftaucht oder ein anderes Raubtier.

Wenn ein Säbelzahntiger eine Antilope reißt, kann er meist nur einen kleinen Teil davon fressen. Dann verzieht er sich satt und faul in die nächsten Büsche und überläßt den Kadaver den Geiern, Hyänen oder den Australopithecinen. So eine unverhoffte Mahlzeit ist den Vormenschen am liebsten. Erstens brauchen sie nicht selbst zu jagen, und zweitens ist das Fleisch des Beutetiers schon bloßgelegt. So sparen sie sich die mühsame Arbeit, mit einem spitzen Gegenstand das zähe Fell aufzureißen. Natürlich gibt es mit den anderen Tieren oft Streit um das Fleisch. Doch die Australopithecinen sind schlauer. Sie schmeißen mit Steinen und Knüppeln nach ihren Gegnern. Auf die hartnäckigsten schlagen sie sogar mit Wurzelstrünken ein. Manchmal gelingt es den Vormenschen auch, ein junges, schwaches oder ein krankes Tier zu überraschen. Es wird mit Steinen beworfen und schließlich mit Keulen aus Wurzelstrünken oder Oberschenkelknochen erschlagen. Verspeist wird die Beute roh und auf der Stelle. Was übrig bleibt, lassen sie liegen.

In ihrem Jagdverhalten gleichen die Vormenschen den Wölfen oder Schakalen, die gemeinsam jagen. Ein einzelner Jäger wäre schnell die Beute eines Raubtiers.

Tiere, die den Vormenschen gefährlich werden konnten

Viele Tiere der Vorzeit sahen für unsere Begriffe seltsam und furchterregend aus. Eine große Gefahr für den Vormenschen stellte der Säbelzahntiger Megantereon (11) dar. Er hatte riesige Eckzähne im Oberkiefer, die er tief in das Fleisch seines Beutetiers hineinschlagen konnte. Wahrscheinlich jagte er am liebsten große, langsame Tiere, zum Beispiel Elefanten oder Bisons. Wie alle Säbelzahnkatzen hatte er nur einen kurzen Schwanz. Eine andere Raubkatze war das Homotherium (3). Auch sie hatte lange, nach hinten gekrümmte Eckzähne, sah von der Seite aber mehr wie eine Hyäne aus, weil ihre Vorderbeine länger als die Hinterbeine waren.

Damals gab es in Afrika auch noch Bären. Im Bergland lebte das Agriotherium (10). Es war viel größer als alle heute lebenden Bären und schon ein Allesfresser. Wollten die Vormenschen Wasser trinken, mußten sie sich vor riesigen Krokodilen und dem Hippopotamus gorgops (5), einem über 4 Meter langen Flußpferd, in acht nehmen. Besonders auffallend waren die Augen des Flußpferds. Sie saßen auf langen Stielen. Das Tier konnte selbst dann noch Dinge an Land erkennen, wenn sein Kopf schon unter Wasser war! Auch das Metridiochoerus (9), ein Riesenwarzenschwein, konnte ein recht unangenehmer Zeitgenosse werden. Es hatte einen auffallend schweren Kopf und war wohl so reizbar wie alle Wildschweine. Andere Tiere, die damals lebten, sind die beiden Elefantenarten Deinotherium (1) und Gomphoterium (4), das Dreizehenpferd Hipparion (2), die Geier (6), die über dem Aas schweben, Sivatherium, eine Art Giraffenelch, Antilopen mit aufgeblähten Nüstern und der über 3 Meter hohe Riesenbüffel Pelorovis (8), dessen Hörner wahrscheinlich eine Spannweite von 4 Metern hatten!

■ Ein Homo habilis-Jäger entdeckt die Spuren eines verwundeten Zwergflußpferdes.

Wie lebte der Homo habilis?

Als die ersten Sonnenstrahlen den Frühnebel über dem ausgetrockneten Bachbett auflösen, rührt sich etwas in den einfachen Reisigverschlägen. Noch steif von der Kälte der Nacht verlassen die Urmenschen ihren Unterschlupf, um nach Nahrung zu suchen oder um Tiere zu jagen. Es ist eine kleine Gruppe von etwa 15 Menschen, die sich frühmorgens auf den Weg macht.

Die Gruppe wird von dem erfahrensten und stärksten Mann angeführt. Nur eine alte Frau und ein alter Mann bleiben mit den kleinsten Kindern beim Unterschlupf. Die Frau paßt auf die Kinder auf, während der Mann neue Werkzeuge herstellt. Unterdessen sammeln die anderen eßbare Pflanzen und Samen. Auch Frösche, Eidechsen, Mäuse und Schlangen fangen sie geschickt.

Plötzlich winkt der Anführer die fünf stärksten Männer zu sich. Er hat unten am Fluß eine kleine Gruppe von Zwergflußpferden gesehen. Eines davon scheint kränklich und schwach zu sein. Mit ihren Keulen gehen die Männer auf die Jagd. Endlich, nach Stunden, haben sie Erfolg! Das Zwergflußpferd ist erlegt, und für die Menschen gibt es genügend zu essen. Mit lautem Geschnatter rufen die Jäger die Frauen aus ihren Verstecken. Diese haben einfache Haugeräte bei sich, um die Beute zu zerlegen.

Die nahrhaften Innereien haben es den Urmenschen besonders angetan. Ebenso gierig stürzen sie sich auf das Gehirn und das Knochenmark des Tiers. Mit einem spitzen Geröllgerät wird ein Knochen der Länge nach gespalten und dann das weiche Mark schmatzend herausgesaugt. Nachdem sich alle satt gegessen haben, nehmen sie die besten Fleischstücke mit in ihren Unterschlupf. Der Anführer treibt die anderen knurrend zur Eile an. Sie müssen sich beeilen, damit sie vor der Dunkelheit nach Hause kommen. Die Sonne geht in der Nähe des Äquators sehr schnell unter – und in der Finsternis der Nacht sind die Menschen den Raubtieren schutzlos preisgegeben.

Was ist Steinzeit?

1960 fand der amerikanische Wissenschaftler Louis Leakey das versteinerte Stück eines neuartigen Primatenschädels. Wie sich später herausstellte, gehörte es zu einem Urmenschen, der vor ungefähr 2 Millionen Jahren gelebt hatte. Die Wissenschaftler nannten ihn „Homo habilis", was „geschickter Mensch" bedeutet. Damit war ein früher und sehr enger Verwandter von uns Menschen entdeckt worden.

Der erste Homo habilis lebte vor rund 2,5 Millionen Jahren in der afrikanischen Savanne und war zwischen 1,20 und 1,30 Meter groß. Sein Kopf war weitaus größer als der des Australopithecus, der gleichzeitig lebte.

Außerdem waren seine Gesichtszüge in vieler Hinsicht schon sehr menschlich. Die Mundpartie war nicht mehr wie eine Schnauze vorgewölbt, sondern deutlich flacher, und die Stirn war merklich höher. Zwar war der Homo habilis so schmächtig gebaut wie der Australopithecus, dafür war sein Gehirn aber fast doppelt so groß!

Die Urmenschen fertigten nicht nur Werkzeuge aus Stein an, sondern vermutlich auch Gerätschaften aus Holz, Knochen, Hörnern oder Zähnen. Weil diese Materialien im Lauf der Zeit verrottet sind, findet man heute nur noch die Werkzeuge aus Stein.

Wegen dieser Funde wird diese Epoche „Steinzeit" genannt. Sie steht für einen Zeitraum, der vor 2,6 Millionen Jahren mit der Herstellung der ersten Steingeräte begann und in Mitteleuropa um 2000 vor Christus mit dem Einsetzen der Bronzezeit endete. Bis auf die letzten 6 Jahrtausende lebten alle Menschen als Jäger und Sammler in der Steinzeit.

■ Homo habilis-Schädel, die einem Gebiet in Ostafrika gefunden wurden. Sie stammen aus der Zeit von etwa 2,5 Millionen bis 1 Million Jahren.

Die Herstellung von Faustkeil und Schaber

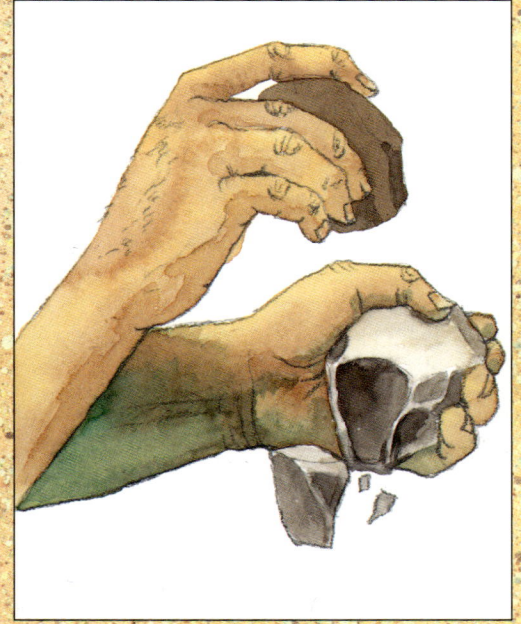

Der Homo habilis entwickelte eine ganze Reihe von einfachen Werkzeugen aus Geröllgestein, mit denen er auch schneiden oder zerteilen konnte: Schon ein einziger gezielter Schlag auf einen dieser Steine löst einen scharfkantigen Abschlag. Wendet man den Stein mehrmals, erhält auch das Geröll eine scharfe Schneide. Im Lauf der Zeit entsteht eine einfache Spitze, und der zunächst grobe Stein ähnelt immer mehr einem groben **Faustkeil.**

Ein großer Abschlag wird weiterbearbeitet: Rund um die scharfe Kante herum werden mit einem Meißel aus einem Stück Geweih oder aus einem Knochen weitere kleine Abschläge herausgeschlagen. Mit den messerscharfen Abschlägen haben die Urmenschen wahrscheinlich Wild zerteilt und Holz bearbeitet.

Mit einem feineren Geweihmeißel werden schließlich die Kanten des Abschlages geglättet. Fertig ist ein vielseitig verwendbares **Schabmesser.**

Feuermachen in der Steinzeit

Feuerquirl: Ein Stab aus sehr hartem Holz wird auf ein flaches, weiches Holzstück gesetzt. Auf dieser Unterlage dreht man den Holzstab schnell zwischen den Handflächen. Es dauert nicht lange, dann wird der Kopf des Holzstabes heiß, und das Bohrmehl, da sich gebildet hat, beginnt zu glühen. Jetzt wird behutsam etwas trockenes Moos dazugegeben und weitergequirlt, bis es glimmt. Durch vorsichtiges Blasen entsteht ein Flämmchen. Mit diesem kann ein Büschel dürres Gras entzündet werden. Darauf legt man dünne Ästchen und später dickere Zweige, bis das Feuer richtig brennt. Dauer: etwa zwei Minuten.

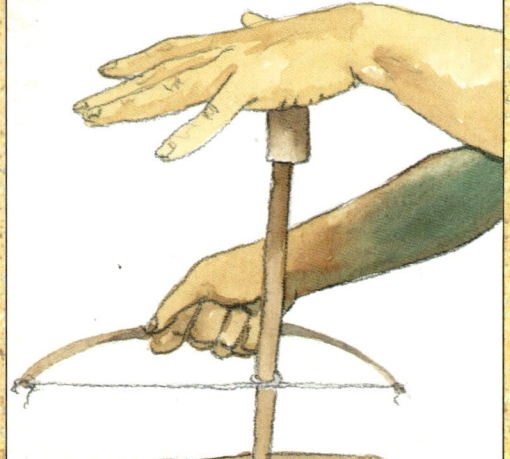

Bogenfeuerbohrer: Hier wird der harte Holzstab nicht mit den Händen gequirlt, sondern mit einer Bogensehne angetrieben.

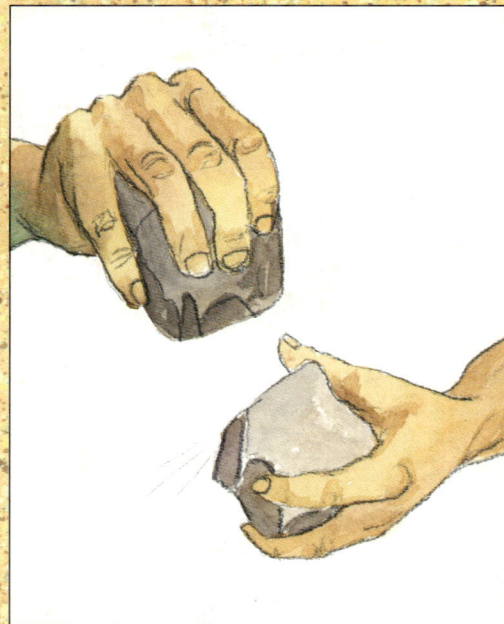

Schlagfeuerzeug: Moos oder Zunder, ein sehr trockener Baumpilz, wird durch Funken, die beim Schlag eines harten Gesteins auf ein Stück Eisenerz (zum Beispiel Feuerstein auf Pyrit oder Markasit) entstehen, zum Glimmen gebracht. Der Feuerstein reißt kleinere Stücke aus dem Eisenerz, die sich durch den Druck entzünden.

Wie kam der Mensch zum Feuer?

Über 2 Millionen Jahre hat es seit dem ersten Homo habilis gedauert, bis die Urmenschen zu dem kamen, was uns heute so selbstverständlich ist – dem Feuer! Im wahrsten Sinne des Wortes tappte die Urmenschheit die Hälfte ihres Lebens im Dunkeln. Schon am Tag mußten die Menschen ständig auf der Hut vor wilden Tieren sein. Sobald es aber dunkel wurde, waren sie der Finsternis in einer feindlichen Umgebung ausgeliefert. Da half es nur, sich in den sicheren Unterschlupf zu verkriechen.
Manchmal wurde die Nacht schauerlich erleuchtet: wenn in der Trockenzeit der Blitz einen Busch entzündete, das dürre Gras Feuer fing und sich zu einem Steppenbrand ausweitete. Bei allem Schrecken hatte das Feuer aber auch etwas Gutes. Wie auch Geier und Hyänen folgten irgendwann ein paar Urmenschen den Flammen, um nach Tieren zu suchen, die in dem Feuer umgekommen waren. Das bedeutete leichte Beute, und vielleicht entdeckten die Urmenschen auch die anderen Nutzen des Feuers. Wir wissen sicher, daß der Urmensch Homo erectus das Feuer schon vor 500 000 Jahren benutzte. Jedoch kennt man auch eine Feuerstelle, die 1,4 Millionen Jahre alt ist. Sie ist in Chesowanja in Kenia (Afrika) gefunden worden.

Feuer bedeutet Schutz und Wärme

In der Nacht erhellte das Feuer die Unterschlüpfe der Sippe. Kein wildes Tier wagte sich in seine Nähe. Wenn doch, so konnte es mit einem brennenden Ast vertrieben werden. In kühlen Nächten wärmte das Feuer. In den Flammen konnte man außerdem die Holzlanzen härten und zu besseren Waffen machen. Bald stellten die Frauen fest, daß das Fleisch haltbarer wurde, wenn sie es in kleinen Stückchen über dem Rauch trockneten. Sie legten Vorräte an und waren nicht mehr vom Erfolg der Jagd abhängig.

■ Feuer zu haben kostete auch seinen Preis. Es mußte Tag und Nacht erhalten werden, denn noch Hunderttausende von Jahren konnte der Urmensch das Feuer nicht erzeugen, sondern nur bewahren. Also mußte nicht nur Nahrung, sondern auch Brennholz in beträchtlichen Mengen herangeschafft werden. Hungern konnten die Menschen notfalls ein paar Tage, aber ohne Holz erlischt die Glut eines Feuers in wenigen Stunden. Wind und Regen bedrohten ein Feuer. Man mußte es durch aufgeschichtete Steine oder Wälle schützen. Trotzdem konnte ein einziger Wolkenbruch alle Mühen zunichtemachen.

Die Besiedelung der Welt

Die Geschichte der Menschheit spielte sich bis zu dem Moment, als der Urmensch Homo erectus vor etwa 1,7 Millionen Jahren auf der Bildfläche erschien, in Afrika ab. Keiner seiner Vorfahren, weder Homo habilis noch die Australopithecinen, kamen auf die Idee, Feuer für sich zu nutzen oder Afrika zu verlassen. Der Homo erectus aber wanderte immer weiter nördlich. Warum er das tat, läßt sich schwer sagen. Wahrscheinlich spielte das Klima eine wichtige Rolle.
In den kürzeren Warmzeiten dehnte sich der bevorzugte Lebensraum der Urmenschen, der Savannengürtel, nach Norden und Süden hin aus. Wahrscheinlich sind

verschiedene Gruppen von Homo erectus bis an seine Grenzen gefolgt. Neue Lebensräume erforderten wiederum eine größere Anpassung des Homo erectus. Vielleicht vergrößerte sich auch aus diesem Grund sein Gehirn von anfangs 800 auf später 1200 Kubikzentimeter. Es war damit nur noch um ein Drittel kleiner als das Gehirn des heutigen Menschen.
Auf der Suche nach neuen Lebensräumen wanderten einige Urmenschengruppen im Lauf zahlloser Generationen in Richtung Europa, andere zogen dagegen nach Osten und besiedelten Asien. Mit dem Wissen, wie man ein wärmendes Feuer macht, war es den Urmenschen nun auch möglich, in kälteren Gegenden zu überleben.

■ **Wer war Homo erectus?**
Homo erectus heißt „aufrecht gehender Mensch". Der Name ist eigentlich irreführend, weil sein Vorgänger Homo habilis und auch die Australopithecinen schon völlig aufgerichtet gingen. Homo erectus sah im Gegensatz zu Homo habilis beinahe genauso aus wie wir Menschen heute. Er erreichte im Durchschnitt eine Körpergröße von 160 Zentimeter. Er war schlank und ein sehr ausdauernder Läufer. Nur sein Kopf war völlig anders. Von hinten betrachtet, ähnelt die Schädelform einem Steilwandzelt mit flachem Satteldach und schräggestellten Wänden. Besonders auffallend war ein mächtiges, sehr breites Überaugendach. Homo erectus lebte vor etwa 1,7 Millionen bis 300 000 Jahren.

Die bekanntesten Funde von Homo erectus

Die ersten Überreste eines Homo erectus wurden 1892 von dem holländischen Militärarzt *Eugène Dubois* auf Java entdeckt. Dubois war nach Java gereist, um nach dem Bindeglied zwischen Affen und Menschen zu suchen. Er sagte sich: „Wenn alle Menschenaffen in den Tropen leben, muß auch der erste Mensch in den Tropen entstanden sein!" Für damalige Verhältnisse war diese Meinung unerhört. Zum allgemeinen Gelächter der Wissenschaftler hatte kurz vorher ein Mann namens *Charles Darwin* tatsächlich behauptet, daß Affen und Menschen einen gemeinsamen Urahnen haben müßten. Dubois war überzeugt von dieser Theorie und fand tatsächlich, was er suchte. Leider glaubte ihm niemand. Darüber war er so erbost, daß er seinen Fund 30 Jahre versteckte. Erst im hohen Alter bekam er von den Gelehrten die Anerkennung, die ihm zustand.
Das älteste und vollständigste Skelett eines Homo erectus ist das des Jungen von Turkana. Es wurde 1984 von dem Anthropologen *Richard Leakey* am Turkanasee in Kenia (Afrika) gefunden. Der Junge starb wahrscheinlich an den Folgen eines Jagdunfalls vor mehr als 1,5 Millionen Jahren direkt am Ufer des Sees. Er war mit dem Gesicht nach unten in den weichen Uferschlamm gefallen und wurde davon bedeckt, noch ehe Raubtiere ihn fressen konnten. Der Schlamm erhärtete, als ein Teil des Sees austrocknete, und konservierte den Toten bis zu dem Tag, als Wind und Wetter wieder Teile seines Skeletts freilegten.
Die meisten Skelette wurden zwischen 1921 und 1937 von dem Kanadier *Davidson Black* und dem Chinesen *Pei-Wen-Chung* in der Drachenhöhle Choukoutien bei Peking (China) gefunden. Dort entdeckte man Schädel- und Skeletteile von insgesamt 45 Männern, Frauen und Kindern. Diese Urmenschen lebten vor etwa 350 000 Jahren.
Der älteste Mitteleuropäer ist der Heidelberg-Mensch (630 000 Jahre). Sein Entdecker war der Sandgrubenarbeiter Daniel Hartmann aus dem Ort Mauer bei

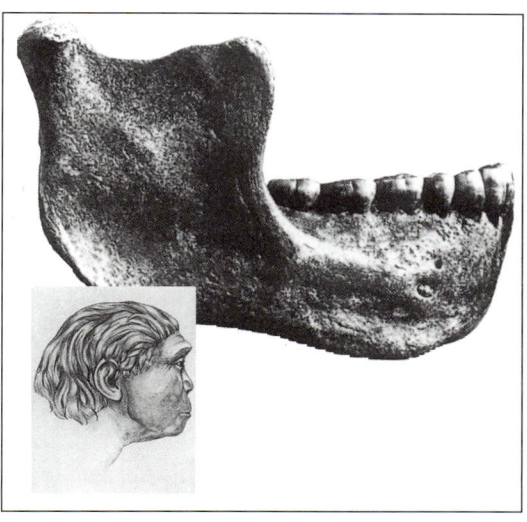

■ Der Unterkiefer von Mauer und eine wissenschaftliche Zeichnung, wie der Heidelberger Urmensch ausgesehen haben könnte.

Heidelberg. Er fand 1907 einen mächtigen Unterkiefer mit Zähnen und behauptete abends beim Stammtisch in der Kneipe: „Ich glaub, ich hab den Adam gefunden!" Der Heidelberg-Mensch ist übrigens der erste Mensch, von dem wir wissen, daß er an der Zahnbetterkrankung Paradontose litt!

Fallensteller und Sumpfjäger

In der Abenddämmerung zieht es Mensch und Tier an die sumpfigen Wasserstellen. Im roten Licht des Sonnenuntergangs nähert sich ein Auerochse. Mißtrauisch blickt er in alle Richtungen, bevor er zu trinken beginnt. Alles scheint ruhig. Doch kaum hat der Stier ein paar Züge getrunken, preschen ein paar Jäger mit brennenden Fackeln und lauten Schreien aus dem Ufergras hervor. Das Tier erschrickt und sucht nach einem Fluchtweg. Doch die Jäger kommen von drei Seiten. Der sonst so angriffslustige Auerochse hat panische Angst vor dem Feuer und wendet sich in die einzige freie Richtung, den Sumpf. Nach ein paar Schritten sinkt das schwere Tier ein. Je mehr es versucht, sich daraus zu befreien, um so tiefer sackt es ein. Da nähern sich auch schon die Jäger. Unbarmherzig stechen sie mit ihren Speeren auf den Stier ein. Sobald der Auerochse tot ist, ziehen sie ihn auf festen Boden. Dort wird er gleich zerlegt.

Australopithecus und Homo habilis waren vermutlich noch mehr Sammler als Jäger. Sie gingen wahrscheinlich nur selten der Jagd nach. Der Homo erectus dagegen war ein richtiger Jäger. Er wagte sich auch an gesunde und große Tiere, indem er sie in Fallen trieb.

Ein Begräbnis mit Blumen

Den ganzen Winter über litt der alte Mann unter schlimmen Gliederschmerzen. Mit fast 40 Jahren war er der älteste seiner Gruppe. Eines Morgens lag er länger als sonst in seinen Fellen. Ein kleines Mädchen brachte ihm etwas Kräutersud. „Er schläft noch", dachte sie und stellte vorsichtig die Schale mit dem warmen Getränk auf den Boden. Sie versuchte ihn zu wecken. Plötzlich fiel ihr auf, daß der Alte gar nicht schlief. Seine Augen waren geöffnet und blickten seltsam starr an ihr vorbei. Der alte Mann war in der Nacht gestorben. Männer, Frauen und Kinder versammelten sich um den Toten. Traurig sahen sie den Leichnam an. Der alte Jäger würde ihnen fehlen. Doch der Tod war etwas Alltägliches im Leben der Neandertaler. Gemeinsam trugen die Neandertaler den Toten zu dem Platz, wo sie ihn beerdigen wollten. Das kleine Mädchen, seine Mutter und andere Frauen pflückten Pinienzweige und bunte Blumen. Es war Frühling, und sie brachten Kornblumen, Traubenhyazinthen, Lichtnelken und Malven in die Höhle. Sie streuten die Blumen ins Grab und betteten den Verstorbenen darauf. Dann wurde das Grab mit Steinen und Erde bedeckt.

Glauben an ein Leben nach dem Tod

Diese Geschichte ist erfunden, aber sie könnte sich durchaus so zugetragen haben. Die Neandertaler waren die ersten Lebewesen, von denen wir mit Sicherheit wissen, daß sie zumindest einen Teil ihrer Toten bestatteten. Das Begräbnis ist die älteste uns bekannte religiöse Handlung der Menschheit. Es bedeutet, daß sich die Angehörigen Gedanken über den Toten machen. Sie legen ihn in eine Grube oder schütten mit Steinen einen Hügel über ihm auf, um ihn zu ehren und vielleicht auch im Tod als Beschützer zu gewinnen. Wer konnte denn wissen, ob die Gestorbenen nicht weiterlebten, sei es an einem unbekannten Ort oder als Geister, die den Weg der Lebenden begleiten? Also gab man ihnen Schmuck, zum Beispiel Ketten aus Muscheln oder Eckzähnen von Fuchs oder Hirsch, Waffen, Werkzeuge oder Blumen mit ins Grab.

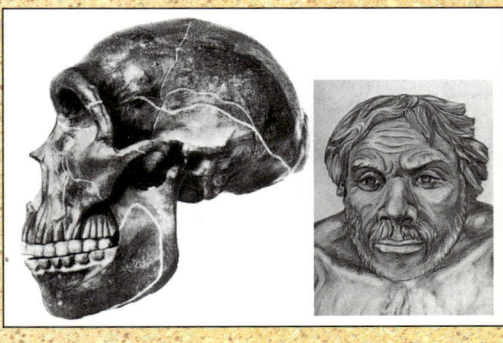

■ Faustkeil, Messer und Schaber

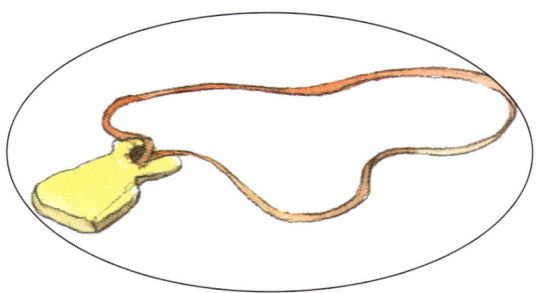

■ Dieser durchbohrte Schwanzwirbel eines Wolfs gehört zu den ältesten Schmuckstücken, die wir kennen. Schmuck dieser Art stammt aus der Zeit der späten Neandertaler zwischen etwa 115 000 und 35 000 Jahren vor Christus.

Bekleidung der Neandertaler

Die Menschen der Eiszeit lebten bei einer durchschnittlichen Jahrestemperatur um 0 °C. Das ist ungefähr die Temperatur, die heute auf der Zugspitze, Deutschlands höchstem Berg (2 962 Meter), herrscht. 40 °C Kälte waren nicht ungewöhnlich. In warmen Kleidern und einem geheizten Haus ist das kein Problem. Doch die Neandertaler hatten wahrscheinlich nur ganz grobe Fellkleider, die notdürftig mit Sehnen und Riemen aneinandergefügt waren.

Fallgruben und Waffen

Für die Jagd gab es damals Steine und Keulen sowie als neue Errungenschaft lange Stoßlanzen, deren Spitzen gehärtet oder mit etwa 10 Zentimeter langen, blattförmigen Feuersteinspitzen versehen waren. Die Faustkeile waren feiner bearbeitet und regelmäßiger geformt als früher, und die Feuersteinabschläge hatten eine geradere und schärfere Arbeitskante. Sie waren wirksame Schaber und Kratzer, mit denen sich das Fell besser vom Fleisch trennen ließ. Die Neandertaler erfanden wahrscheinlich auch die Fallgruben. Unter unsäglichen Mühen hoben sie mit Geweihschaufeln, flachen Steinen und bloßen Händen eine Grube aus. Sie wurde mit Zweigen und Laub abgedeckt. Sogar Mammuts wurden in diese Fallen getrieben.

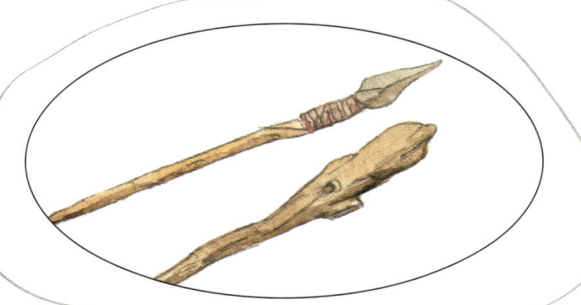

■ Stoßlanze und Holzkeule waren wahrscheinlich Erfindungen der Neandertaler. Sie waren wirksame Waffen für die Jagd.

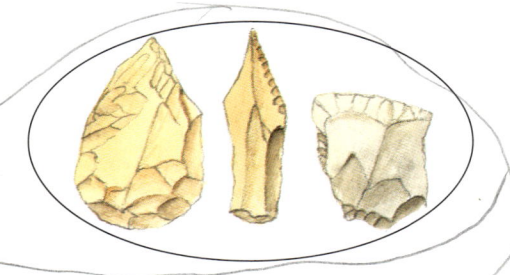

■ Schädel eines **Homo sapiens neanderthalensis** vom Neandertal bei Düsseldorf. So könnte der Neandertaler ausgesehen haben.

Porträt des „klassischen" Neandertalers
Der Neandertaler war im Verhältnis zu seiner Größe das schwerste und kräftigste menschliche Wesen, das je gelebt hat. Sein Gehirn mit bis zu 1 600 Kubikzentimeter war größer als das des durchschnittlichen heutigen Menschen. Er war etwa 1,50 bis 1,60 Meter groß und von gedrungener Gestalt. Die mächtigen Muskeln auf Schultern und Nacken gingen fast vollständig ineinander über und verdeckten seinen kurzen Hals, auf dem ein großer, markanter Kopf saß. Das Gesicht war breit, mit einer niederen Stirn und starken Augenbrauenwülsten, die Nase flach, die Mundpartie vorspringend und das Kinn fliehend. Besonders auffallend war die stark entwickelte Kaumuskulatur. Bei Frauen und Kindern waren diese Merkmale nicht so auffallend. Die klassischen Neandertaler lebten von etwa 100 000 bis 35 000 vor Christus in ganz Europa, Asien und Afrika.
Viele Leute denken sofort an Neandertaler, wenn sie auf einem Bild halbnackte Männer in zottigen Fellen mit groben Keulen sehen, die mit langen, baumelnden Armen und gebeugten Knien dümmlich in die Gegend schauen. Heute wissen wir längst, daß das nicht stimmt. Der amerikanische Archäologe Ralph Solecki, der im Iran zahlreiche Neandertaler ausgraben konnte, ist mit anderen Wissenschaftlern der Überzeugung, daß die Neandertaler in einer modernen Bekleidung unter den Fahrgästen der New Yorker U-Bahn nicht auffallen würden,

Herr der Tiere?

Im Drachenloch bei Vättis in der Ostschweiz wurde 1921 eine abgedeckte Steinkiste mit Bärenschädeln gefunden, denen Knochen durch Maul und Augen hindurchgeschoben waren. Die Knochen stammen aus der Zeit der Neandertaler. Auch in anderen Höhlen entdeckte man Bärenknochen, die an den Wänden entlang aufgereiht waren, oder Schädel, die in einer Nische lagen und von Feuersteingeräten berührt wurden. Was die geheimnisvollen Überreste zu bedeuten haben, wissen wir nicht. Weil oft Bärenschädel in den Behausungen der Neandertaler gefunden wurden, vermuten manche Wissenschaftler, daß sie etwas mit dem Totenkult dieser Menschen zu tun haben.

Es wäre daher nicht verwunderlich, wenn gerade der Höhlenbär als „Herr der Tiere" verehrt worden wäre. Er war das größte und stärkste Tier in Europa, und er lebte wie die Menschen in Höhlen. Es gibt Hinweise, daß Bären wie Haustiere in beson-

deren Höhlen gehalten wurden. Dennoch wurden sie auch gejagt: Fett, Fleisch und Pelz waren für die Menschen lebensnotwendig. Auch heute noch fühlen sich die meisten Jägervölker einem bestimmten Tier verpflichtet. Von ihm glauben sie abzustammen, mit ihm unterhalten sie ein Bündnis. Solche Schutztiere werden zum Beispiel bei den Indianern Nordamerikas „Totemtiere" genannt.

■ Emil Bächler fand 1921 in einer Höhle in den Alpen diesen Bärenschädel, dem Knochen durch Maul und Augenhöhlen geschoben waren. Funde dieser Art lassen darauf schließen, daß Jäger dem Höhlenbären mit kultischen Handlungen huldigten.

■ So ähnlich mag die eiszeitliche Landschaft zur Zeit der Neandertaler ausgesehen haben: karge Landschaften, schnee- und eisbedeckte Flächen, wenig Pflanzenwachstum.

Das Ende der Neandertaler

Vor etwa 35 000 Jahren tauchten in Europa die ersten „modernen" Menschen auf. Nach einem Fundort in Frankreich wurden sie „Cromagnon-Menschen" genannt.

Sie waren bis zu 1,80 Meter groß und hatten ein kleineres, feiner geschnittenes Gesicht mit einer hohen Stirn, einer schmalen Nase und einem kräftig vorspringenden Kinn. Ihr Körperbau war dem von Homo erectus ähnlich: Sie waren also leichter und weniger muskulös als die Neandertaler.

Mit den Cromagnon-Menschen brach eine neue Epoche in der Steinzeit an. Diese Menschen schufen die ersten Kunstwerke, sie trugen Schmuck und richtige Kleider, sie erfanden neue Waffen (Speerschleuder, Harpune, Pfeil und Bogen) und Werkzeuge wie die Nähnadel. Kurz nach dem Auftauchen der ersten Cromagnon-Menschen verschwanden auch die Neandertaler.

Die kleinen, stämmigen Neandertaler waren den Lebensbedingungen der Eiszeit angepaßt gewesen. Ihre gedrungenen Körper verminderten bei Kälte den Wärmeverlust, und ihre Kraft half ihnen bei der Jagd.

Zur Zeit der Neandertaler zogen große Herden von Mammuts, Wisenten, Wild-

■ Seit dem Erscheinen des Cromagnon-Menschen hat sich der Mensch äußerlich nicht mehr verändert.

pferden, Rentieren, Riesenhirschen und Wollnashörnern durch Mitteleuropa. Dabei kamen auf die vielen jagdbaren Tiere nur sehr wenig Menschen. Man schätzt, daß in dem Gebiet zwischen Harz und Alpen nur etwa 2 000 Neandertaler gelebt haben. Das bedeutet, daß es in einem Gebiet so groß wie das Saarland gerade 15 Menschen gab.

Zur gleichen Zeit, als die Neandertaler verschwanden, kam eine kleine Zwischenwarmzeit, in der das Klima für einige Jahrhunderte etwas milder wurde. Wahrscheinlich wurde es vielen kältegewohnten Tieren zu warm, und sie zogen näher

zum Eis hin. Einige Forscher vermuten, daß die Neandertaler deshalb nicht mehr genügend Beutetiere fanden und aufgrund von Nahrungsmangel ausstarben. Eine andere Theorie besagt, daß die sich schnell ausbreitenden, fortschrittlichen Cromagnon-Menschen die Neandertaler verdrängt und schließlich ausgerottet haben. So ähnlich wie wir Europäer beinahe allen Indianerstämmen in Nordamerika den Garaus gemacht haben. Viele Wissenschaftler sind jedoch der Ansicht, daß sich die vielen Cromagnon-Menschen allmählich mit den wenigen Neandertalern vermischt haben.

■ Schädel der „Frau von Steinheim".

Die bekanntesten Neandertaler
Vor etwa 350 000 Jahren tauchte ein neuartiger Menschentyp auf, den wir **Homo sapiens** („der kluge Mensch") nennen. Die Anthropologen unterteilen diese Art nochmals in drei Gruppen: in den **Steinheim-Menschen** (Homo sapiens steinheimensis) – ihn gab es von 350 000 bis

etwa 100 000 vor Christus; den **klassischen Neandertaler** (Homo sapiens neanderthalensis) von 100 000 bis etwa 35 000 vor Christus und den Menschen in seiner heutigen Gestalt (Homo sapiens sapiens). Er lebt in Afrika seit ungefähr 100 000 Jahren und in Europa seit 35 000 Jahren.

Der Homo sapiens steinheimensis wurde 1933 in einer Kiesgrube bei Steinheim an der Murr (Baden-Württemberg) entdeckt. Es handelt sich um den Schädel einer Frau aus der Zeit vor mehr als 300 000 Jahren. Einige Forscher glauben, daß dieser sogenannten „Frau von Steinheim" zu Lebzeiten der Schädel eingeschlagen und danach vom Hals getrennt worden ist. Dabei wurde die empfindliche Schädelbasis erheblich zerstört.

Der berühmteste Fund eines Neandertalers

glückte 1856 in der kleinen Feldhofer Grotte im Neandertal bei Düsseldorf. Daher auch der Name dieses Menschentyps. Es handelte sich um die Skelettreste eines Menschen, der vor 70 000 Jahren gelebt hatte. Als erster erkannte der an den Fundort gerufene Realschullehrer und Höhlenforscher Johann Carl Fuhlrott das hohe Alter des Fundes. Erst 1901, Fuhlrott war schon längst gestorben, bestätigten die Wissenschaftler die große Bedeutung des Fundes. Hartnäckig hält sich bis heute die Vorstellung vom krummbeinigen, buckligen und häßlichen Neandertaler. Der Mann aus dem Neandertal mag zwar schon zu Lebzeiten eine bemitleidenswerte Erscheinung gewesen sein, da er an einer Knochenkrankheit (Rachitis) litt, doch zeigten spätere Funde von Neandertalern, daß nicht alle so aussahen.

■ Das Bild zeigt zwei Neandertaler, die Cromagnon-Frauen beim Beerensammeln und Blumenpflücken beobachten. Die Neandertaler lebten etwa 35 000 Jahre vor Christus gleichzeitig mit den Cromagnon-Menschen. Vielleicht kam es zu Kämpfen zwischen den beiden Menschentypen, die schließlich zur Ausrottung der Neandertaler führten.

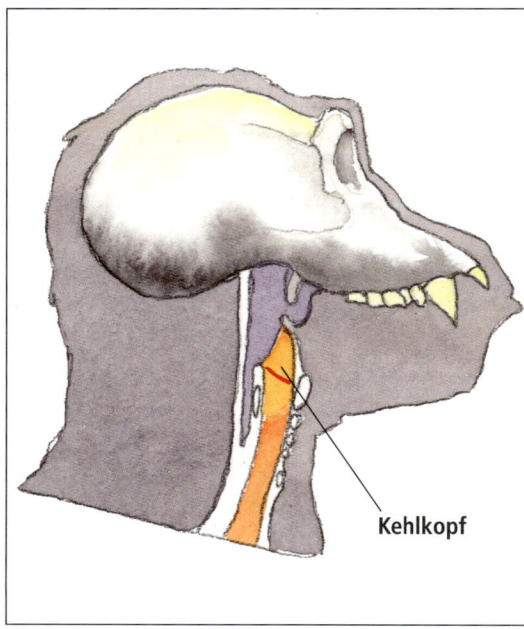

Kehlkopf

■ **Bei Menschenaffen liegt der Kehlkopf oben, dadurch ist die Möglichkeit zur Lautproduktion eingeschränkt.**

Hast du schon mal überlegt, wie viele Wörter du an einem Tag sprichst, wie viele Sätze und Botschaften du weitergibst, aber auch wieder empfängst? Auch die Affen sind sehr „gesprächige" Tiere. Verhaltensforscher haben bereits bis zu 30 verschiedene Laute und Ausrufe der Begrüßung, des Behagens, der Erregung, des Schmerzes und der Warnung herausgefunden. Einem amerikanischen Forscherehepaar ist es sogar gelungen, einem Schimpansen, den sie wie ein Kind

aufgezogen haben, vier verständliche Wörter beizubringen: papa, mama, cup (englisch „Tasse") und up (englisch „hoch"). Der Affe gebrauchte die Wörter immer im richtigen Zusammenhang! Allerdings scheiterten nach diesem ersten Erfolg sämtliche weitere Versuche, dem Affen mehr Wörter beizubringen.

Warum können Affen nicht sprechen?

Die Fähigkeit zum Sprechen hängt sowohl vom Gehirn als auch von körperlichen Voraussetzungen ab. Im Gehirn gibt es ein Sprachzentrum. Dieser Teil des Gehirns hinterläßt beim Menschen einen typischen Abdruck in

der Schädeldecke. Deshalb wissen wir, daß auch die Urmenschen Homo habilis und Homo erectus zumindest die Anlage zum Sprechen hatten. Um sprechen zu können, muß man aber auch fähig sein, viele unterschiedliche Laute, Töne und Geräusche von sich zu geben. Dabei müssen neben Lunge, Kehlkopf, Stimmbändern, Rachen, Zunge, Zähnen und Lippen noch viele andere Muskeln, Sehnen und Bänder mitspielen. Eine besondere Rolle spielt dabei der Kehlkopf. Liegt er wie bei den Affen ziemlich weit oben im Hals, dann ist im darüberliegenden Rachenraum nicht genügend Platz, um viele unterschiedliche Laute zu bilden. Bei uns Menschen sitzt der Kehlkopf weiter unten. Im Rachen ist also genügend Raum, um zum Beispiel ein solch kompliziertes Wort wie „Schiffsschraubenzwischenschacht" zu bilden.

Homo habilis, der erste Werkzeugmacher, konnte wahrscheinlich noch nicht so sprechen wie wir. Jedoch glaubt man, daß er schon mehr Laute beherrschte als alle Menschenaffen und sich deshalb auch besser verständigen konnte als sie. Der Homo erectus beherrschte vermutlich schon eine richtige Wortsprache. Das heißt, daß er einige wenige Wörter sagen konnte. Spätestens die Neandertaler konnten richtig sprechen. Allerdings nehmen manche Forscher an, daß sie langsam und in einfachen Sätzen sprachen.

Wie hieß die erste Sprache?

Bereits in vorchristlicher Zeit wurden Forschungen nach der Ursprache angestellt. So ließ der ägyptische Pharao Psammetich (595–589 vor Christus) zwei neugeborene Kinder in einer Hütte aussetzen. Ein Hirte mußte sie mit Ziegenmilch versorgen, durfte aber niemals mit den Kindern reden. Nach etwa zwei Jahren riefen die Kinder, wenn sie hungrig waren, „bekos". Der Pharao ließ in aller Welt nachforschen, was das Wort bedeuten könnte, und fand schließlich

heraus, daß die Phrygier in Kleinasien „bekos" zu „Brot" sagen. Damit war für Psammetich bewiesen, daß die Phryger das älteste Volk mit der ältesten Sprache waren.

Heute wissen wir, daß die rund 6000 gesprochenen Sprachen auf unserer Erde sich in etwa 200 Sprachfamilien einordnen lassen. Englisch und Deutsch zum Beispiel gehören zu der indoeuropäischen Sprachfamilie, zu der auch die ausgestorbenen Sprachen wie Sanskrit, die Sprache der altindischen Epen,

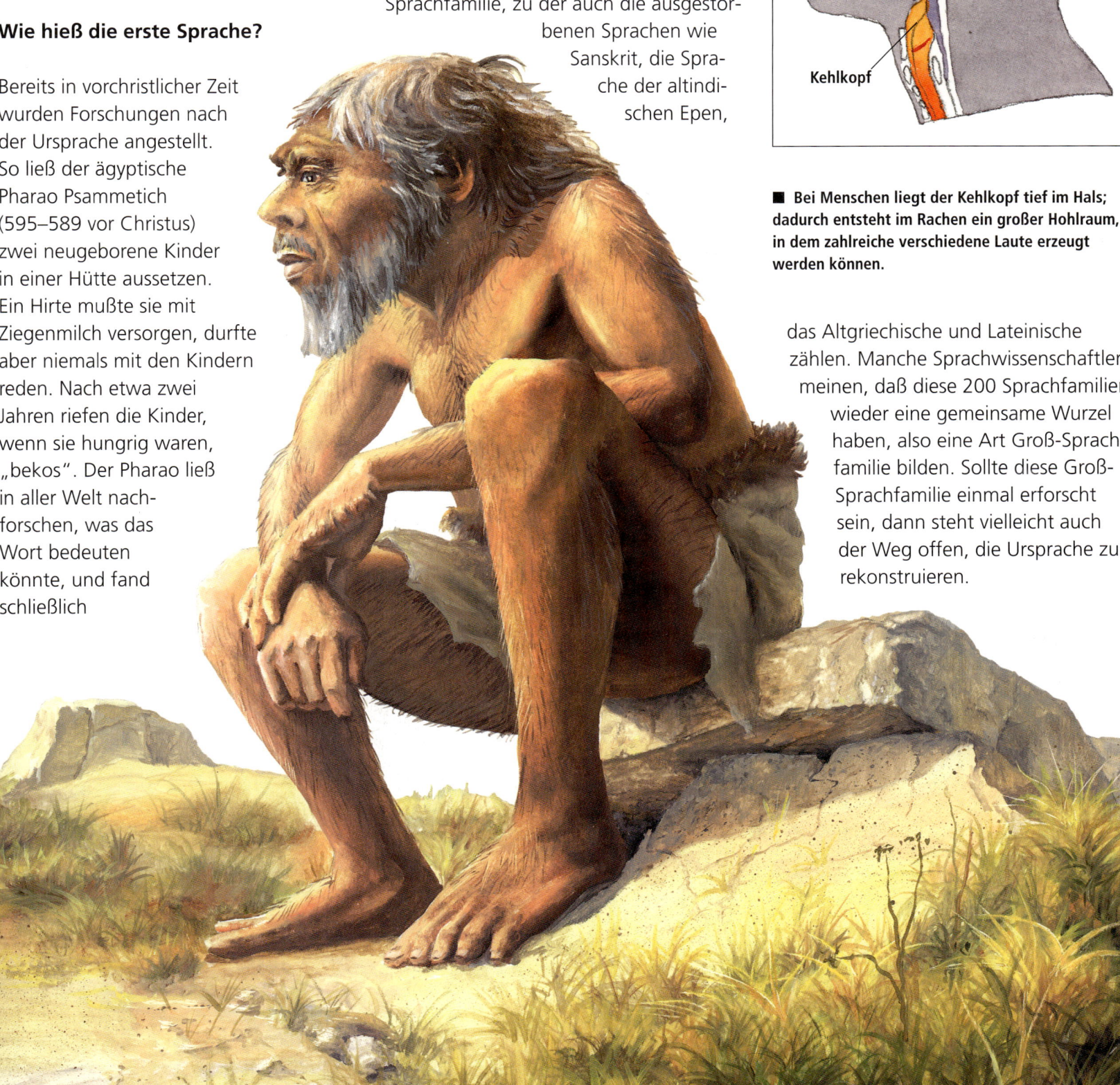

Kehlkopf

■ **Bei Menschen liegt der Kehlkopf tief im Hals; dadurch entsteht im Rachen ein großer Hohlraum, in dem zahlreiche verschiedene Laute erzeugt werden können.**

das Altgriechische und Lateinische zählen. Manche Sprachwissenschaftler meinen, daß diese 200 Sprachfamilien wieder eine gemeinsame Wurzel haben, also eine Art Groß-Sprachfamilie bilden. Sollte diese Groß-Sprachfamilie einmal erforscht sein, dann steht vielleicht auch der Weg offen, die Ursprache zu rekonstruieren.

Höhlen

Die Vorstellung, daß alle Menschen in der Urzeit in Höhlen gelebt haben, ist falsch. Die meisten Menschen damals lebten unter freiem Himmel in Hütten oder Zelten. Leider sind davon kaum Überreste erhalten. Höhlen oder Abris, das sind Felsvorsprünge, waren nur dann bevorzugte Wohnorte, wenn sie leicht zugänglich und in Flußnähe gelegen waren, möglichst mit Blick über das Tal, um die vorbeiziehenden Herden zu beobachten. Oft wurden Höhlen nur im Winter bewohnt. Der Eingang einer Höhle wurde meist mit Steinen verkleinert und wahrscheinlich mit Fellen verhängt. Im Inneren der Brillenhöhle bei Blaubeuren (Baden-Württemberg) fand man sogar richtige Hütten aus Steinen, die vermutlich mit Tierfellen ausgeschlagen waren. Sie sind vor mehr als 25 000 Jahren von Jägern und Sammlern als Schutz vor Kälte und Wind gebaut worden. Höhlen gibt es nur in Kalksteingebieten.

Erdhäuser

Vor etwa 20 000 Jahren bauten sich die Menschen in Osteuropa vor dem Winter Grubenhäuser. Dazu wurde eine mannshohe rechteckige Grube von ungefähr 10 Metern Länge ausgehoben, in die ein schräger Zugang führte. Über sie legte man ebenerdig Baumstämme und Zweige, über die zum Schutz gegen Kälte und Niederschläge Erde aufgeschüttet wurde. Den Boden dieser unterirdischen Behausung legte man mit Steinen aus. In der Mitte gab es mehrere Feuerstellen. Dazu wurden Gruben ausgehoben, mit Steinen gepflastert und begrenzt. Die Steingruben sollten die Hitze speichern und den Funkenflug verhindern. Im Dach lag vermutlich ein Rauchabzug. Manchmal gab es neben der Feuergrube noch eine kleinere Grube, die mit Leder oder Därmen ausgeschlagen war: Dort wurde Schnee geschmolzen; das Wasser ließ sich durch einen heißen Stein sogar erhitzen.

■ Erdhäuser eigneten sich möglichweise nur für den Winter. Sobald der Schnee schmolz und die Erde an der Oberfläche taute, drang Feuchtigkeit in die Behausung.

Rundhütten aus Mammutknochen

In Sibirien und der Ukraine lebten die Steinzeitmenschen vor etwa 15 000 Jahren in Rundhütten aus Mammutknochen. Im ukrainischen Meshiritsch fand man eine Hütte von etwa 5 Meter Durchmesser, deren Sockel aus halbkreisförmig angeordneten Mammutschädeln bestand. Den äußeren und oberen Teil der Wand bildeten 95 Unterkiefer, die mit dem Kinn nach unten übereinandergestapelt waren. Das Dach aus Häuten wurde von einem Holzgestell getragen und mit Knochen beschwert. Andere Hütten der Siedlung wurden aus Stoßzähnen, die ineinander verkeilt wurden, und Tierhäuten gebaut. Neben den Behausungen fand man Vorratsgruben. Sie waren mindestens 1,50 Meter tief – tief genug also, um bis in die Dauerfrostschicht der Erde zu reichen, wo das Fleisch wie in einer Gefriertruhe für einen späteren Zeitpunkt aufgehoben werden konnte.

Zelte

Im deutschen Gönnersdorf bei Neuwied grub man eine etwa 12 500 Jahre alte Siedlung mit mehreren Zeltgrundrissen von 6 bis 8 Meter Durchmesser aus. Ein Rundzelt wurde vermutlich so errichtet: Bevor die Erde im Herbst wieder gefror, wurde ein Stamm in den Boden gerammt und ein Dutzend etwas kleinerer Pfosten kreisförmig darum herum. Zwischen den Mittelstamm und jeden Außenpfosten legte man mehr als 3 Meter lange Stangen und band sie mit Lederriemen zusammen. Weitere Stangen verbanden die einzelnen Außenpfosten miteinander. Auf dieses Gestell wurden etwa 40 Wildpferdhäute gelegt und mit Sehnen oder Därmen zusammengenäht. Die Wildpferdjäger von Gönnersdorf lebten längere Zeit in ihren Zelten. Der Fußboden eines ständig bewohnten Zeltes wurde mit im Feuer erhitzten Steinen ausgelegt, die schließlich im Boden festfroren. Darüber wurden Zweige und Felle gelegt.

Wasserfahrzeuge

Die ersten Wasserfahrzeuge waren vermutlich einfache Flöße, mit denen die Menschen vor über 30 000 Jahren bereits das Mittelmeer überquert haben. Später haben sie Einbäume gebaut und vielleicht auch schon Kajaks. Hierzu wurde eine Hülle aus Fellen zusammengenäht und über ein Gerüst aus Holz- oder Geweihspanten gezogen. So erhielt man ein leichtes Boot, mit dem man sogar auf offener See fischen konnte.

■ Die älteste Landkarte ist vermutlich etwa 20 000 Jahre alt und stammt aus Meshiritsch in der Ukraine. Auf Mammutelfenbein ist die Lage der damaligen Siedlung aufgezeichnet mit Bäumen, Behausungen aus Mammutknochen und zwei Flüssen. Meshiritsch ist ukrainisch und bedeutet „Zwischen zwei Flüssen".

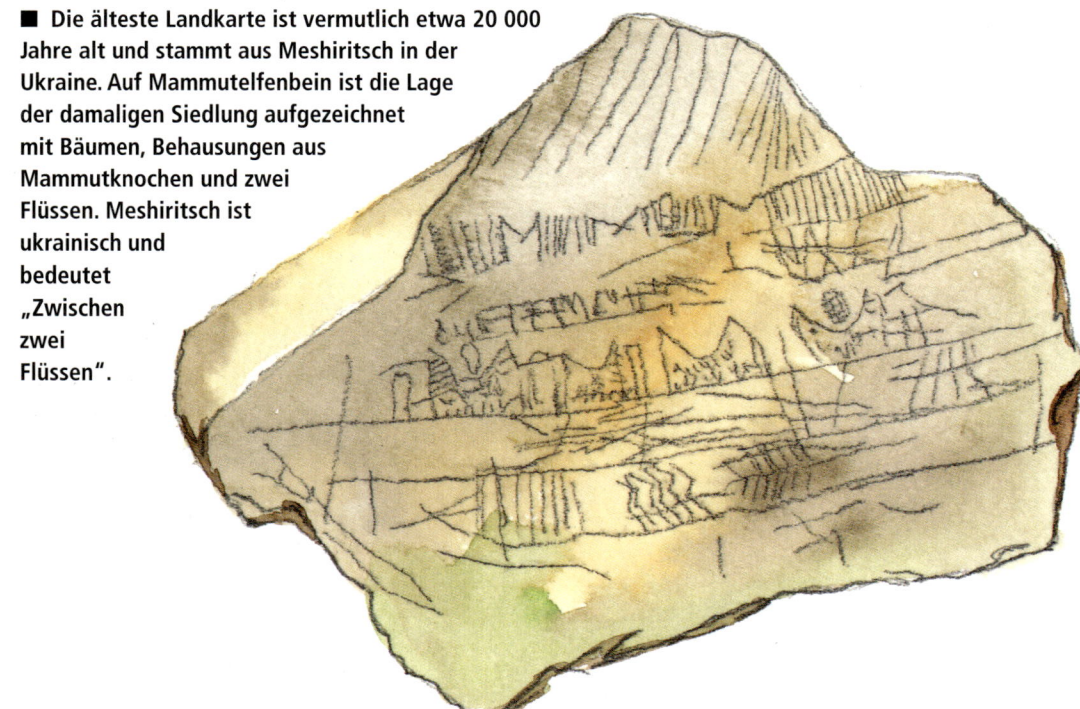

■ Auch Schuhsohlen aus Bast oder Leder wurden zusammengenäht.

Nähnadel mit Öhr

Jeder von euch hat sich sicherlich schon einmal mit einer Nähnadel abgemüht, vielleicht, um einen Knopf anzunähen oder um ein Loch zu flicken. Kaum zu glauben, daß sich mit der Erfindung dieses kleinen Werkzeugs das Leben der Steinzeitmenschen erheblich veränderte. Vor 20 000 Jahren entstanden die ersten Nähnadeln mit Öhr, die aus Knochen und Bein gefertigt wurden. Zwar gab es schon vor der Erfindung der Nähnadel Kleidungsstücke wie Hosen und Anoraks, doch wie sie hergestellt wurden, weiß man nicht. Sicher weiß man nur, daß mit spitzen Pfriemen aus Geweih und Röhrenknochen die Löcher der Nähte vorgestochen wurden. Mit der Nähnadel ließen sich Kleidungsstücke und Schuhe reparieren. Als Garn konnte man feine Fäden aus gedrillten Tiersehnenfasern verwenden.

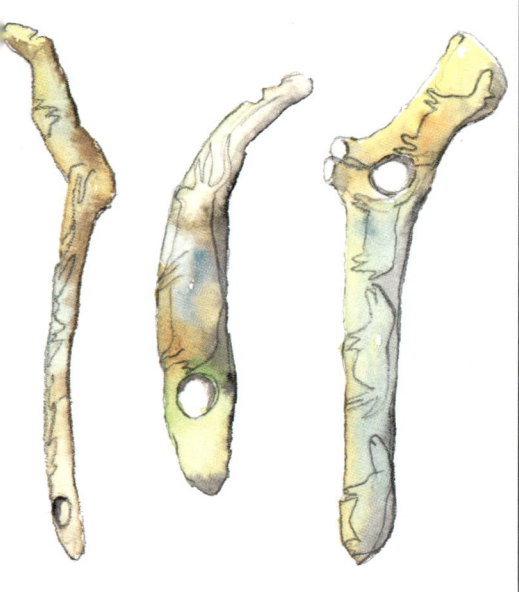

■ Die Lochstäbe waren oft mit Tierschnitzereien verziert.

Was ist ein Lochstab?

Das ist ein Gerät aus Geweih, Tierknochen oder Mammutelfenbein mit einem oder mehreren Löchern. Damit ließen sich krumme Holzschäfte oder Geweihspäne über Wasserdampf gerade biegen. Die frühesten Lochstäbe kennt man aus Spanien und Frankreich, aus der Schweiz und Deutschland aus der Jüngeren Altsteinzeit. Früher hielt man dieses oft wunderschön verzierte Gerät irrtümlich für ein Rangabzeichen oder Kommandostab eines Häuptlings oder Zauberers.

Die Herstellung von Kleidung

Die Lederkleidung der Menschen der jüngeren Altsteinzeit wurde zum Teil mit gefärbten Knochenperlen, durchlochten Schneckengehäusen oder Tierzähnen verziert. Die Menschen stellten ihre Kleidung aus den Häuten und Fellen der Tiere her, die sie jagten. Felle wärmten sehr gut und wurden auch für Zelte benutzt.

Der erste Kaugummi

Der erste uns bekannte Kaugummi wurde von einem Teenager vor 9 000 Jahren auf der schwedischen Insel Orust gekaut. Er bestand aus einer Mischung aus Harz und Honig. Auf dem versteinerten Kaugummi erkennt man sogar noch die Abdrücke der Zähne.

Haartracht

Die ersten Darstellungen von Frisuren sind auf Kunstwerken von vor mehr als 21 000 Jahren zu sehen. So zeigt zum Beispiel der Kopf einer aus Mammutelfenbein geschnitzten Frau aus Dolni Vestonice in der Slowakei eine kunstvoll gestaltete Frisur. Aber auch Kopfbedeckungen wie die der „Dame von Brassempouy" (siehe Abbildung oben) in Frankreich waren „in Mode". Daß die Männer in der Steinzeit sowohl glattrasiert als auch bärtig waren, zeigen uns Menschendarstellungen aus der Slowakei, Frankreich und Deutschland. Der Bart wurde vermutlich mit einem scharfkantigen Feuersteinmesser rasiert.

■ **Wie in der Altsteinzeit eine Suppe gekocht werden konnte**
In eine Erdgrube, die mit Pferdemägen oder Rentierblasen wasserdicht gemacht worden war, oder in einen aufgehängten Lederbeutel wurde Wasser gefüllt. In das Wasser schüttete man zerstoßene Markknochen, Knollen, Wurzeln und Kräuter. Salz verwendete man damals noch nicht. Dann wurden im Feuer Steine erhitzt und in den Behälter gegeben. Die heißen Steine brachten das Wasser mit den Gewürzen in kurzer Zeit zum Sieden. Auf diese Weise kochen heute noch viele Naturvölker.

Aufgeregt reden die Männer der Mammutjägergruppe durcheinander. Nach einigen Fehlschlägen ist es ihnen endlich gelungen, ein prächtiges Jungtier in ihre Fallgrube zu locken und zu töten. Der Mammutbulle wiegt einige Tonnen. Das bedeutet genügend Nahrung, um die 50 Menschen der Siedlung für einige Wochen zu versorgen. Die Jäger sind von der langen Treibjagd erschöpft und hungrig. Dennoch machen sie sich gleich ans Zerlegen der Beute. Noch vor Einbruch der Dunkelheit haben sie das Tier so weit zerteilt, daß sie es aus der Grube schaffen können. Das wichtigste ist jetzt, das Fleisch vor den plötzlich aus der Dämmerung auftauchenden Wölfen zu schützen. Ein paar besonders hungrige Tiere haben sich bereits bis auf wenige Meter an die Menschengruppe herangewagt. Sie werden mit Steinen verjagt. Der Hunger der Wölfe ist jedoch größer als ihre Angst vor den Menschen. Das Rudel kommt immer näher. Rastlos schaffen die Männer die Teile ihrer Jagdbeute an einen geschützten Ort und entfachen rundherum Feuer. Mit der heraufziehenden Dunkelheit wird das Heulen der

Wölfe stärker. Die Jäger suchen nun auch Schutz im Inneren ihres Feuerkreises. Immer wieder leuchten ihnen aus dem Dunkel der Nacht die hungrigen Raubtieraugen entgegen. Doch keiner der Wölfe wagt es, das Feuer zu überspringen und die Menschen anzugreifen.
Am nächsten Tag wird das Mammut ganz zerlegt. Jeder Knochen, jede Sehne, die Haut, die Stoßzähne, ja selbst die Innereien und Gedärme sind den Steinzeitmenschen nützlich. Aus den großen Stoßzähnen, Knochen und den Häuten bauen sie ihre Hütten, das Fleisch wird in den Vorratsgruben gelagert und mit den riesigen Schulterblättern des Mammuts abgedeckt. Aus den Sehnen und Därmen werden Riemen und Schnüre gedreht. Die Blase des Mammuts wird getrocknet und als Trinkwasserbehälter benutzt.

Moeritherium

Das Mammut und seine Vorfahren

Der Afrikanische und der Asiatische Elefant sind die beiden einzigen überlebenden Arten der Rüsseltiere, die einst weit verbreitet waren und in vielerlei Gestalt gelebt haben.

Im Eozän vor 40 bis 50 Millionen Jahren lebte das nur etwa 60 Zentimeter große Moeritherium. Es sah mehr wie ein Tapir oder ein Zwergflußpferd aus als wie ein Elefant. Nicht einmal einen Rüssel hatte es, dafür aber eine breite, dicke Oberlippe, mit deren Hilfe es im Schlamm und Sumpf nach Nahrung suchte.

Vor etwa 10 Millionen Jahren lebte das Platybelodon, ein sogenannter Schaufelzähner. In Gestalt und Aussehen ähnelte er den heutigen Elefanten, mit Ausnahme seines Schädels und seiner Stoßzähne, die sehr merkwürdig waren: während die Stoßzähne im Oberkiefer relativ kurz, rund und spitz waren, saßen die unteren zwei am Ende eines vorgeschobenen Unterkiefers nebeneinander, waren platt und bildeten zusammen eine etwa ein Meter lange Schaufel. Platybelodon zwängte Wasserpflanzen, von denen es sich ernährte, zwischen Rüssel und Stoßzähne und riß sie

mit einem Ruck aus dem Bodenschlamm der Gewässer. Auch Anancus, der vor zwei bis drei Millionen Jahren lebte, glich den heutigen Elefanten. Er hatte einen langen Greifrüssel und einen kurzen Unterkiefer. Auffallend an ihm waren seine langen Stoßzähne, die wie Lanzen etwa 3 bis 4 Meter nach vorn gerichtet waren. Anancus lebte wahrscheinlich im Wald und durchwühlte mit seinen Zähnen den Boden nach Knollen und Wurzeln.

Der kleinste Elefant war Elephas falconeri, der bis vor 10 000 Jahren noch das Mittelmeergebiet bewohnte. Mit nur 90 Zentimeter Schulterhöhe lebte er hauptsächlich auf den Inseln. Wegen seiner geringen Größe kam er mit nur wenig Nahrung aus.

Die größten Rüsseltiere waren die Mammuts. Das Steppenmammut erreichte eine Höhe von 4,50 Meter und hatte bis zu 5 Meter lange, gewundene Stoßzähne. Wegen der strengen Kälte in der

Eiszeit hatte es ein Fell, das aus der Unterwolle mit feinen, dichten Haaren und einem langhaarigen schwarzen Oberfell bestand. Auf vielen Bildern wird das Fell der Mammuts rot oder rotbraun dargestellt. Das ist falsch. Vor kurzem fand man heraus, daß die Rotfärbung erst nach dem Tod des Mammuts durch eine chemische Reaktion mit der Erde herrührt.

Das nur 2,70 Meter große Wollhaarmammut ist besonders durch seine Darstellungen auf Höhlenwänden bekannt. Hinter seinem kuppelförmigen Kopf befand sich ein Höcker. Wie bei den Kamelen war dies wahrscheinlich ein Fettspeicher für harte Zeiten.

Vor 6 000 Jahren, lange nach dem Ende der Eiszeit, starben die Mammuts aus.

Steppenmammut

Anancus

Platybelodon

Elephas falconeri

Wollhaarmammut

Waldelefant

Neue Waffen, neue Jagderfolge

Durch eine Reihe von Erfindungen waren die Cromagnon-Menschen sehr plötzlich allen Tieren überlegen. Es gab in ganz Europa bis vor 20 000 Jahren kaum mehr als 10 000 Menschen, dafür ein Vielfaches an Rentieren, Wildpferden, Auerochsen, Hirschen, Hasen; selbst das Mammut und das Wollnashorn dürften zahlreicher als der Mensch gewesen sein. Dieser gewaltigen Überzahl an Tieren machte der Mensch bald ein Ende.
Um 12 000 vor Christus erfand er eine neue Waffe. Sie bestand aus einem langen, biegsamen Holzstück, einer Sehne, die ihn zum Bogen spannte, und einem kurzen Holzstab, auf den eine scharfe Spitze aus Stein oder Knochen mit einem Gemisch aus Harz und Ocker geleimt war: Pfeil und Bogen. Mit den Stoßlanzen hatte man Tiere nur aus nächster Nähe töten können und nur mit dem Aufwand größter Kraft. Die Jäger mußten bis auf

■ Durch die Erfindung der Speerschleuder wurden auch Massenjagden möglich.

■ **Solutré – Massenjagd auf Pferde**
Unter einer steilen Felswand bei Solutré, nördlich von Lyon (Frankreich), liegen ein Meter hoch die Knochenreste von mindestens 10 000, vielleicht sogar 100 000 Pferden. Wahrscheinlich sind dies die Überreste einer Jagd auf Wildpferde, die die Cromagnon-Menschen veranstaltet haben. Man vermutet, daß die Cromagnon-Menschen nach einem genau ausgetüftelten Plan die Pferdeherde in die Höhe getrieben und mit Feuer, Steinwürfen und Geschrei über den Rand des Abgrunds gejagt haben. Die gewaltigen Fleischvorräte wurden von den Steinzeitmenschen in ihre Siedlungen gebracht und in Vorratsgruben eingelagert. Fleisch konnte auch an der Luft getrocknet und dadurch haltbar gemacht werden. Diese Vorratshaltung ermöglichte es den Jägern und Sammlern zumindest eine Weile, seßhaft zu bleiben.

3 Meter an ihre Beute heranpirschen, um sie mit ihren Waffen durch das dicke Fell ernsthaft verletzen zu können. Man konnte auf diese Weise nur Tiere töten, die vorher von den Jägern halb totgehetzt waren.

Mit Pfeil und Bogen hingegen war es einem Schützen möglich, allein hinter einem sicheren Strauch verborgen auf seine Beute zu warten und sie aus mehr als 20 Meter Entfernung zu töten. Das alles mit weniger Muskelkraft und ohne Hetzjagd mit anderen Jägern.

■ **Jagd mit Speerschleudern**

Waffen mit großer Wucht

Wo Pfeil und Bogen nichts ausrichteten, weil das Fell der Tiere für Pfeile zu dick war, benutzten die Steinzeitmenschen die Speerschleuder. Das waren 30 bis 40 Zentimeter lange Haltevorrichtungen für Wurfspeere, die die Wucht eines normalen Speerwurfs vervielfachten. Das Ende des Wurf-

speers lag dabei auf einem Haken am Ende der Speerschleuder, während der Speer selbst von Daumen und Zeigefinger der Wurfhand gehalten wurde. Beim Wurf schnellte der Arm mitsamt Speerschleuder und Wurfspeer nach vorn, wobei sich das Geschoß löste und mit verstärkter Kraft in Richtung des Ziels flog.

Das Pferd und seine Vorfahren

Im Eozän, vor etwa 50 Millionen Jahren, begann die Entwicklung der Pferde. Hyracotherium war das älteste pferdeartige Tier, obwohl es im Vergleich zu den heutigen Pferden geradezu winzig klein war. Es war 20 Zentimeter hoch und 60 Zentimeter lang und damit etwa so groß wie ein Dackel.

Es lief auf vier Zehen vorn und drei Zehen hinten. Wie alle frühen Pferdearten lebte es noch in den feuchten Wäldern und ernährte sich von den weichen, zarten Blättern der Bäume.

Vor etwa 35 Millionen Jahren starb die Linie der Pferde in Europa und Asien aus, und nur auf dem nordamerikanischen Kontinent ging ihre Entwicklung weiter. Mesohippus erreichte mit 60 Zentimetern schon die Schulterhöhe eines Windhundes. Es lief auf drei Zehen, wobei die mittlere Zehe größer war als die übrigen. Sein Kopf war lang und vorn spitz.

Parahippus lebte vor etwa 20 Millionen Jahren und sah seinem Vorfahren Mesohippus noch sehr ähnlich. Es war allerdings größer. Außerdem hatte es schon bessere Zähne, mit denen es auch hartes Gras fressen konnte.

Merychippus war das erste Pferd, das sich nur von Gras ernährte und in Herden die Prärien Nordamerikas bevölkerte. Es besaß einen längeren Hals als seine Vorfahren, denn es fraß mit zu Boden geneigtem Kopf. Merychippus hatte zwar noch drei Zehen, jedoch trug nur die mittlere Zehe das gesamte Körpergewicht. Die beiden seitlichen Zehen reichten nicht mehr bis auf den Boden.

Die heutigen Pferde, zu denen sämtliche Pferde, Zebras und Esel gehören, haben nur noch eine Zehe, den Huf. Sie entwickelten sich vor etwa 4 Millionen Jahren in Nordamerika und breiteten sich von dort über Asien, Afrika und Europa aus.

Parahippus

Mesohippus

Hyraco-therium

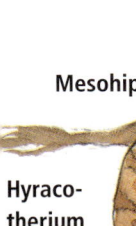

Merychippus

Equus

1 **Auerochse, Ur**
2 **Doedicurus**
3 **Gigantopithecus**
4 **Megatherium**
5 **Hyäne**
6 **Höhlenlöwe**
7 **Megaloceros**
8 **Dinornis maximus**

Weide- und Jagdtiere

In der Altsteinzeit lebte der Riesenhirsch
Megaloceros (7) in den Wäldern Europas
und Asiens. Dieses riesige Tier hatte ein
Geweih mit einer Spannweite von fast
4 Metern. Das ist etwa so lang wie ein
Auto! Wie viele andere Hirscharten auch,
warf der männliche Riesenhirsch regel-
mäßig sein Geweih ab. Es wuchs innerhalb kurzer Zeit wieder nach. Die letzten
Exemplare des Megaloceros lebten bis
vor etwa 2 500 Jahren.
Der Vorfahre unserer Hausrinder war der
Ur oder Auerochse (1). Er war fast doppelt so groß wie die heutigen Rinder,
ungeheuer stark und leicht zu erregen.
Daß die Steinzeitmenschen gern auf ihn

Jagd machten, sieht man auf Höhlenma-
lereien in Lascaux in Frankreich. Der
Auerochse starb wahrscheinlich aus, weil
die Menschen ihm zu sehr nachstellten.
Die letzten Auerochsen kamen 1627 in
Polen um.
Die Altsteinzeit wird auch oft „Zeit der
Rentiere" genannt. Diese zogen in
riesigen Herden über die Ebenen und
waren leichte Beute für die Jäger.

Riesenhirsch

Raubtiere

Zur Zeit der stärksten Vereisung in Europa
gab es riesige Höhlenbären. Sobald es
Winter wurde, zogen sich viele Bären
gemeinsam in Berghöhlen zurück. In der
Drachenhöhle nördlich von Graz (Österreich) wurden die Reste von mehr als
30 000 Höhlenbären gefunden. Viele von
ihnen scheinen im Schlaf ums Leben ge-
kommen zu sein. Der europäische Höhlenlöwe (6) war die größte Katzenart, die
je gelebt hat. Er war um einiges größer
als der noch heute lebende Sibirische
Tiger. Die letzten Höhlenlöwen wurden
vor 2 000 Jahren im Balkan gesehen.
Auch der Direwolf und die Hyäne (5)
gehörten zu den damaligen Raubtieren.

Nashörner

Tiere, die im offenen Grasland leben, müssen entweder schnell vor ihren Verfolgern fliehen können oder aber so groß und gepanzert sein, daß ihnen niemand etwas anhaben kann. Das Nashorn Elasmotherium war mit seiner Länge von 5 Metern beinahe so groß wie ein heutiger Elefant. Ein gewaltiges, 2 Meter langes Horn erstreckte sich über seinen gesamten Vorderkopf.

Das Wollnashorn trug auf der Schnauze ein Paar große Hörner, wobei das vordere durchaus eine Länge von 1 Meter erreichen konnte. Mit seinem zottigen Fell war es wie das Mammut an die kalten Wetterbedingungen der Eiszeit angepaßt.

Außergewöhnliche Tiere

Der über 3 Meter hohe Gigantopithecus (3) sah ähnlich wie ein riesiger Gorilla aus. In Südamerika lebte das Riesenfaultier Megatherium (4). Es wog wahrscheinlich an die 3 Tonnen und war aufgerichtet 6 Meter hoch. Sein bärenartiger Kopf hatte kräftige Kiefer. Das Tier

Elasmotherium

konnte sich auf seine Hinterbeine stellen, wobei es seinen Schwanz als Stütze gebrauchte. In dieser Stellung zog es hochwachsende Zweige mit seinen drei Krallen an den Vorderfüßen herab und weidete sie ab.

Das ebenfalls in Südamerika lebende Gürteltier Doedicurus (2) trug am Ende seines 4 Meter langen Körpers eine knöcherne Keule mit spitzen Stacheln. Damit konnte es sich seine Feinde wirkungsvoll vom Leib halten.

Bemerkenswert war auch der neuseeländische Riesenvogel Dinornis maximus (8). Er war etwa 3,50 Meter hoch und damit der größte Vogel, der jemals gelebt hat. Allerdings konnte er nicht fliegen. Erst vor 200 Jahren wurde er ausgerottet.

Die ersten Bilder

Vor mehr als 30 000 Jahren begannen die Menschen Bilder zu malen und Figuren zu formen. Vielleicht war es den Jägern ein Bedürfnis, ihre Macht über die Tiere zur Schau zu stellen, indem sie sie auf den Fels bannten. Oder hängt es damit zusammen, daß eine Art Jagdzauber beschworen werden sollte, indem man möglichst naturgetreu Auerochsen, Pferde, Mammuts oder andere Tiere an die Höhlenwände malte? Konnte auf diese Weise nicht der Geist der getöteten Tiere wiederauferstehen und in der Unterwelt in den gemalten Tierkörpern weiterleben? Durch die Darstellung von Dingen wollte der Mensch der übermächtigen Natur seine Ideen aufzwingen. Die Höhlenmalereien befinden sich oft an schwer zugänglichen Stellen, manchmal 1 Kilometer weit vom Eingang entfernt oder tief in einem engen Schacht. Vielleicht wurden Jugendliche vor ihrer ersten Jagd in die Geheimnisse der Jägerwelt eingeführt, indem man ihnen die unheimliche Welt der Höhlen vor Augen führte. Es muß schon gruselig gewesen sein, in das Dunkel der Höhle hineinzugehen – bedrückend und gespenstisch still. Immer tiefer kletterten und krochen die Jungen in den dunklen, finsteren Bauch der Erde, mit wenig Licht und voller Angst vor der Dunkelheit. Plötzlich ein Stier, 6 Meter lang! Und da noch einer und immer mehr! Zuerst wirkten sie

■ Um die großflächigen Malereien anzubringen, wurden oft Gerüste gebaut. Als Licht dienten Fackeln und mit Öl gefüllte Steinlämpchen.

regungslos. Doch dann wurden sie im flackernden Lampenschein lebendig und schienen an den Männern vorbeizugaloppieren. Solch ein Erlebnis konnte sicher keiner je wieder vergessen.

Wie arbeiteten die Höhlenmaler?

Es ist erstaunlich, daß die Farben auf den Höhlenbildern zum Teil noch genau so leuchten wie vor 20 000 oder 30 000 Jahren, als die Bilder gemalt wurden. Die gleichmäßigen Temperaturen in den Höhlen und die Dunkelheit haben sie vor dem Verfall bewahrt.

Die wichtigsten Farben der Höhlenmaler waren Schwarz, Weiß, Rot, Braun und Gelb. Mit schwarzem Ruß oder Pulver aus Manganerz wurden meist die Umrisse gezeichnet. Kreide, ein sehr reiner Kalkstein, lieferte weiße Farbe. Rot, Braun und Gelb erhielt man aus Ockergestein. Um flüssige Farbe zu bekommen, wurde das Gestein zwischen zwei flachen Steinen zerrieben und mit Wasser angerührt oder trocken aufgetragen. Wollte man die Farben heller oder dunkler haben, kam weißer Kalk- oder schwarzer Holzkohlenstaub hinzu. Dunkle Farben wurden mit Wasser aufgehellt. Als Pinsel verwendete man vermutlich entweder Tierhaarbüschel oder Borsten von Ebern, Vogelfedern und Fasern von Pflanzenstengeln. Die Farbe wurde auch mit einem Fellbausch aufgetragen.

Wandel in der Höhlenmalerei

Die bekanntesten Höhlenmalereien sind in Lascaux, Niaux, Rouffignac und neuerdings in Vallon-Pont-d'Arc in Frankreich und in Altamira in Spanien zu finden. Je älter die Höhlenmalereien, um so naturgetreuer sind die Darstellungen. Bei vielen Malereien wurden geschickt die Unebenheiten in der Felswand ausgenutzt, um die Tierkörper plastisch hervortreten zu lassen. Bei entsprechendem Lichteinfall wirken die gemalten Tiere beinahe lebendig.

In der Weihnachtsnacht 1994 stießen Jean-Marie Chauvet und zwei seiner Begleiter auf eine bislang unbekannte Höhle bei Vallon-Pont-d'Arc im südfranzösischen Ardèchegebiet. Die Entdeckung dieser Höhle war eine Sensation. In vier Kammern der 20 000 Jahre alten Höhle befinden sich an den Wänden Bilder verschiedenster Tiere – darun-

■ Fast lebensecht wirken die Tiere aus der Höhle in Zimbabwe.

ter über 40 Nashörner, Büffel, Pferde, Mammuts, Rentiere, Bären, Hyänen, ein Panther und eine Eule.

Bei allen Höhlenmalereien fällt auf, daß fast nur Tiere abgebildet sind. Selten finden sich Bilder von Menschen – und wenn, dann sind diese nur skizzenhaft dargestellt.

■ **Kleine Figuren**
Die ältesten figürlichen Kunstwerke sind mindestens 30 000 Jahre alt. Damals schufen die Jäger und Sammler zwischen dem Fluß Don in Rußland und der Atlantikküste in Frankreich neben Tieren vielfach üppige Frauenfiguren. Sie wurden aus Mammutelfenbein, weichem Gestein und Geweih geschnitzt oder in Ton modelliert und dann gebrannt. Die figürlichen Kunstwerke sind mindestens 30 000 Jahre alt. Auffallend an den oft als „Urmutter" oder „Venus" bezeichneten Figuren sind die überaus großen Brüste und die breiten Hüften. Damit sollte wohl auf die Fruchtbarkeit hingewiesen werden.

■ Eine der bekanntesten Frauenfiguren ist die **Venus von Willendorf**. Sie ist etwa 25 000 Jahre alt. Die nackte Frau ohne Gesicht und Füße ist etwa 10 Zentimeter hoch und besteht aus Kalkstein. Farbreste deuten darauf hin, daß die Figur einst rot bemalt war.

■ Das **Wildpferd von der Vogelherdhöhle** bei Heidenheim ist nur 5 Zentimeter groß und aus Elfenbein geschnitzt. Mit seinen 32 000 Jahren gehört es zu den ältesten Skulpturen der Welt.

■ **Der Löwenmensch vom Hohlenstein** bei Ulm gehört zu den rätselhaftesten Kunstwerken der Altsteinzeit. Auf einem langgezogenen Menschenkörper sitzt der Kopf eines Löwen, der mit nach vorn gerichteten Ohren aufmerksam in die Ferne blickt. Die Figur ist etwa 30 Zentimeter hoch und aus Mammutelfenbein geschnitzt. Seltsam sind die schräggestellten Fußsohlen. Vermutlich diente die Figur nie als Standbild, sondern lag oder wurde aufgehängt. Wir wissen nicht, was den Menschen bewegte, der dieses Werk schuf. Auf jeden Fall ist dies die älteste und größte altsteinzeitliche Figur, die uns bekannt ist.

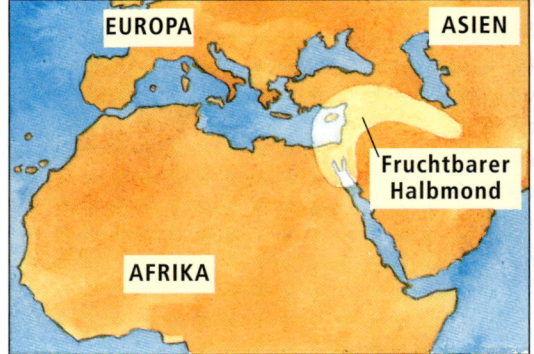

■ Das erste Haustier war der Hund. Er begleitet den Menschen nun schon seit über 14 000 Jahren. Ziege und Schaf wurden vor etwa 10 000 Jahren gezähmt, das Schwein vor 9 500 und das Rind vor etwa 9 000 Jahren.

Als die Gletscher verschwanden

Vor etwa 10 000 Jahren wurde es wieder wärmer, und die Gletscher der Eiszeit zogen sich zum vorerst letzten Mal zurück. Nach etwa einem Jahrtausend herrschten völlig andere Lebensbedingungen. Die Tundra Mitteleuropas mit ihren lichten Birken- und Nadelwäldern wich dichtem, undurchdringlichem Urwald. Ulmen, Eichen und Linden bildeten schließlich einen großen Mischwald, der sich vom Uralgebirge in Rußland bis zum Atlantik erstreckte.

Das Klima wurde milder, die Landschaften immer fruchtbarer. Und obwohl die großen Rentierherden und auch die Mammuts dem kalten Eis nach Norden nachgezogen waren, gab es stattdessen Rehe, Rothirsche und Wildschweine. In den Seen und Flüssen gab es außerdem ausreichend Fische. Aber auch gesammelte Körner, Nüsse, Früchte, Beeren und Pilze boten so gute Ernährungsmöglichkeiten für den Menschen, daß er für längere Zeit an einem Ort wohnen konnte.

Auf seinen Jagdzügen wurde der Mensch von Hunden begleitet. Alle Hunderassen, die es heute gibt, haben einen Urahn: den Wolf. Es muß Jahrtausende gedauert haben, bis es dem Menschen gelang, den gezähmten Wolf zu seinem Begleiter zu machen. Vielleicht fing die Geschichte der Hunde damit an, daß nach der Wolfsjagd ein Welpe am Leben blieb und für die Kinder von den Menschen aufgezogen wurde. Der kleine Wolf wurde zutraulich und zeigte den Menschen schon bald, daß er Beutetiere viel besser aufspüren konnte als sie.

Der Fruchtbare Halbmond

Als sich die Menschen in Mitteleuropa an das milde Klima der Nacheiszeit gewöhnten, kam es im Vorderen Orient zu einer Entwicklung, die das Leben der gesamten Menschheit in eine neue Richtung lenken sollte. Das ganze Gebiet war damals eine blühende Landschaft.

Mit dem Ende der Eiszeit blieben jedoch die Niederschläge aus, und aus dem Paradies der Pflanzen und Tiere wurde eine riesige Wüste. Nur ein Landstrich, der sich von Palästina bis fast zum Oberlauf des Tigris und von dort beinahe bis zum Persischen Golf erstreckte, blieb von der Dürre verschont. Wegen seiner Sichel-

■ Die ersten Getreide- und Fruchtsorten
Weizen und Gerste waren die wichtigsten Getreide-
arten in der Jungsteinzeit. In Europa kannte man
Gerste und zwei Weizenarten: Emmer (1) und Ein-
korn (2) . Das Getreide mußte vor der Zubereitung
entspelzt werden. Weizen wurde vorwiegend zum
Brotbacken verwendet, während Gerste eher als
Grütze und als Einlage in Eintopfgerichten verzehrt
wurde. Außerdem wurden Erbsen (3) und Flachs (4)
angebaut. Seltener wurden Linsen (5) und Saubohn-
nen (6) angepflanzt. Die ersten Bauern bestellten
die Böden, die noch so gut waren, daß sie auch
nach Jahrzehnten nicht ausgelaugt waren. Den
ältesten Hinweis auf Ackerbau fand man in der
Siedlung Ain Mallaha im nördlichen Israel.

Revolution in der Steinzeit

Bereits in den letzten Jahrtausenden der
Altsteinzeit hatte man dort Körner des
wilden Weizens und der Gerste gesam-
melt. Möglicherweise säte eines Tages
irgend jemand die letzten Reste des Win-
tervorrats aus und legte damit das erste
kleine Getreidefeld der Menschheit an.
Die aufkeimenden Pflanzen wurden
durch einen Zaun geschützt, gegossen
und von Unkraut befreit. Nach der Ernte
legte man einen Teil der Samen für die
neue Aussaat zurück. Zum ersten Mal
war es Menschen gelungen, in der Nähe
ihrer Behausungen Nahrungsmittel zu
züchten, die sich auch nach der Ernte
noch lange lagern ließen.
Wenn man Pflanzen züchten konnte,
mußte dasselbe doch auch mit Tieren

möglich sein. Wildschweine, Auerochsen,
Bergziegen und Wildschafe waren schon
früher gelegentlich eingefangen worden,
um sie dann im Winter zu verzehren.
Nun ließ man diese Tiere sich in Gefan-
genschaft vermehren. Zur Fortpflanzung
wurden immer die besten Tiere ausge-
sucht. So entstanden durch Zucht neue,
den menschlichen Nahrungsbedürfnissen
angepaßte Rassen: aus Wildtieren
wurden allmählich Haustiere!
Diese beiden Errungenschaften bildeten
die Grundlage für eine ganz neue Art zu
leben: Aus den umherziehenden Jägern
und Sammlern wurden seßhafte Bauern,
die Ackerbau und Viehzucht betrieben.

form wird er der „Fruchtbare Halbmond"
genannt. Hier gab es bestimmte Pflanzen
und Tiere, die es den Menschen ermög-
lichten, ihr bisheriges Leben völlig zu ver-
ändern.

**■ Vor ihrer Behausung mahlt diese Frau Korn auf
einem kleinen, tragbaren Mühlstein. Ihre Tochter
zieht mit dem Grabstock eine Furche, in die sie
Erbsensamen legen will.**

■ Bei der Ernte wird das Korn unterhalb der Ähren mit einer Sichel abgeschnitten. Die Sichel besteht aus einem gekrümmten Stück Holz, in das Feuersteinstücke wie Zähne eingesetzt sind.

Harte Arbeit

Die Kraft der Sonne ließ endlich ein wenig nach. Schweiß-überströmt machten die Mädchen eine kleine Pause. Hörte das denn nie auf! Die Mutter brachte ihnen schon wieder ein Bündel voller Ähren. Seufzend nahmen sie ihrer Mutter die Last ab und häuften sie auf den Berg voller Garben, die noch nicht gedroschen waren. „Ihr müßt euch beeilen", drängte die Mutter, „wir müssen die Körner noch vor der Dunkelheit in die Vorratsgruben schütten. Sie dürfen in der Nacht nicht feucht werden. Ihr wißt genau, daß feuchte Körner faulen und zu nichts mehr zu gebrauchen sind!"

Seit fünf Tagen schufteten die Leute des Dorfes von morgens bis abends, um ihre Ernte einzubringen. Wenn es nur nicht regnete, bevor sie fertig waren! Heute war es den ganzen Tag schwülheiß gewesen. Alle fürchteten sich vor dem großen Donnergott, der mit einem Gewittersturm alle Mühen und Hoff-nungen eines Jahres zunichte machen konnte. Lustlos und

müde nahmen die Mädchen einige Bündel und legten sie auf die Lehmtenne vor dem Haus. Wieder begannen sie, mit ihren Dreschflegeln auf die Ähren einzuschlagen. Die Arbeit war mühsam und anstrengend, aber die Ernte war gut und würde ihnen einen Winter ohne Hunger schenken. Morgen sollte es ein Erntefest geben! Jede Familie mußte einen Teil ihrer Ernte opfern, damit die Götter auch im nächsten Jahr schützend ihre Hände über sie halten würden.

Schaudernd dachten die Mädchen an die Hungerjahre zurück. Zwei ihrer Geschwister waren vor Entkräftung gestorben. Und zu allem Kummer waren sie auch noch von den Kriegern eines anderen Dorfs überfallen worden.

Plötzlich bellten die Hunde im Dorf. Zwei fremde Männer kamen auf das Dorf zu. Sie trugen schwere Säcke auf dem Rücken. „Die kommen sicher zum Tauschen", sagte eine Frau. „Ja, den einen kenn' ich, der kommt von den Feuersteinberg-werken am Fluß", rief eine andere. „Da wird heute abend auf dem Dorfplatz wieder einiges los sein!"

■ Schon vor 7 000 Jahren bauten die Bauern in Mitteleuropa rechteckige Holzhäuser mit Wänden aus Flechtwerk. Sie waren 25 bis 40 Meter lang und fünf bis acht Meter breit. Ein Dorf bestand aus ungefähr sechs Häusern, in denen jeweils bis zu 100 Personen wohnten. Im Inneren des Hauses war nur wenig Platz, da in kurzen Abständen die Tragpfosten des Dachs standen. Entlang der Wände wurden Gräben gezogen. Die ausgehobene lehmige Erde wurde mit Stroh vermischt und mit den Füßen gestampft; so entstand der Strohlehm für die Wände. Die Gräben waren für den Abfall vorgesehen. In und um die Häuser herum wurden Vorratsgruben in den Boden gegraben.

geteilt: Einzelne Personen spezialisierten sich zum Beispiel auf die Herstellung von Ton- oder Holzgefäßen, von Schmuck oder von Steingeräten, die sie dann innerhalb ihrer Gemeinschaft gegen Lebensmittel eintauschen konnten.

■ Flachs, Fasern anderer Wildpflanzen und Schafwolle wurden zu Stoffen gewebt. An ein viereckiges Holzgerüst hängte man senkrecht die Kettfäden und spannte sie mit Klumpen aus gebranntem Ton. Der auf das Schiffchen gewickelte Schußfaden wurde durch die Kettfäden geführt.

Eine Gemeinschaft von Spezialisten

Bald gab es immer mehr Menschen. Bei den Jägern und Sammlern gebar eine Frau nur alle drei bis vier Jahre ein Kind. Mehr hätte die Gruppe auch nicht ernähren können. Für eine Bauersfrau war es normal, daß sie im Alter von 15 bis 25 Jahren jedes Jahr ein Baby auf die Welt brachte, von denen allerdings nicht einmal die Hälfte überlebte. Im Gegensatz zu den Jägern waren die Bauern auf die Kinder angewiesen. Sie brauchten sie als Helfer bei der Arbeit. So entstand eine Dorfgemeinschaft, die anderen Regeln folgte als die kleinen Gruppen der Jäger und Sammler.
Nach und nach wurden die Arbeiten auf-

Neue Berufe

Damit änderte sich aber auch das Leben in der Gemeinschaft. Die Gruppen der Altsteinzeit hatten fast nur Gemeineigentum gekannt: bis auf die Kleider auf dem Leib, eine wertvolle Waffe oder ein Schmuckstein gehörte dem einzelnen nichts.
In den Dorfgemeinschaften häufte nun jede Großfamilie ihre privaten Vorräte an und begann damit zu tauschen. Die Men-

schen stellten Sachen nicht mehr nur für ihren eigenen Bedarf her, sondern sie produzierten Waren, um sie gegen andere Produkte, zum Beispiel Lebensmittel, einzutauschen. Hatten sie besonders schöne Gegenstände hergestellt, zum Beispiel Keramiken oder Feuersteine für Pfeilspitzen, so zogen sie damit auch in Nachbarorte, die solche Dinge vielleicht nicht herstellten. So entstand der Handel.

■ Die verschiedenen Kulturen der Jungsteinzeit werden nach Form und Verzierung ihrer Keramik benannt, manchmal auch nach einem Fundort. Jede Kultur bevorzugte ihre eigenen Formen und Muster. Die älteste „keramische Gruppe" in Mitteleuropa ist die der Bandkeramik. Sie entstand bereits vor über 7 500 Jahren. Die Gefäße haben meist die runde Form einer unteren Kürbishälfte und wurden frei aus der Hand geformt und dann häufig mit Musterbändern verziert. Daher stammt der Name „Bandkeramik".

In einer Pfahlbausiedlung

Mit einem Ruck kam der Einbaum des Vaters längsseits des Pfahlhauses zum Halten. Es war Hochwasser, deshalb konnte er ausnahmsweise bis an sein Haus paddeln. Er rief seinen Sohn und warf ihm ein Seil zu, damit er das Boot an einem Pfosten auf dem Vorplatz vertäuen konnte. „Was hast du gefangen? Ich hab in meiner Reuse zwei Saiblinge und vier Felchen gefunden!" erzählte der Junge stolz. Im Boot seines Vaters lag ein mindestens zwei Meter langer Hecht. „Ja, das ist schon ein Prachtbursche", sagte der Vater. „Wir haben ihn draußen an der Flußmündung mit unseren Harpunen erlegt. Es war ein langer Kampf, bis wir ihn endlich im Boot hatten. Aber jetzt habe ich Hunger!"

Die Mutter war mit dem Mahlen von Mehl beschäftigt. Sie kniete auf einer geflochtenen Matte und führte den länglichen Läuferstein pausenlos über den flachen Mahlstein, auf dem die Getreidekörner lagen. Als ihr Mann hereinkam, gab sie das Mehl in einen halbkugelförmigen verzierten Tontopf, tat Salz, etwas Minze und Wasser dazu und stellte den Topf auf die Glut der offenen Feuerstelle. Unter ständigem Rühren war der Brei bald fertig. Der Geruch des Essens lockte auch die anderen fünf Kinder herbei. Zu dem Brei, den alle gleichzeitig direkt aus dem Topf aßen, gab es etwas geräucherten Fisch und gepökelte Hirschkeule, dazu Ziegenkäse, ein paar Wildäpfel und Haselnüsse. Die Kinder verschlangen alles mit Heißhunger. Es war früh am Morgen, und bis Sonnenuntergang würde es nichts mehr zu essen geben.

Nach dem Frühstück machten sich der Vater und sein ältester Sohn auf den Weg. Sie gingen in Richtung Wald. Der Vater mit Pfeil und Bogen, um mit den anderen Männern auf die Jagd zu gehen, der Sohn, weil er an der Reihe war, die Schafe, Ziegen und Rinder des Dorfs zu hüten.

Die Mutter räumte das Geschirr von den Matten weg und rieb sich ihren schmerzenden Rücken. Sie dachte daran, wieviel Mehl sie noch mahlen mußte, um am Nachmittag Brote in ihrem Lehmofen backen zu können. Ihre zwei ältesten Töchter saßen hinten im Haus und waren mit Spinnen und Weben beschäftigt. Ein etwa sechsjähriger Junge saß auf dem Vorplatz im Freien und bastelte an seiner Angel. Dazu nahm er einen Knochensplitter und spitzte ihn an beiden Enden zu. In der Mitte befestigte er die Angelschnur. Den Haken wollte er in einem Stück Teig vollständig verstecken. Der Fisch, der den Köder dann verschluckte, konnte den quersitzenden Haken nicht mehr ausspeien.

Die Pfahlbausiedlungen der Jungsteinzeit

Sie wurden vor etwa 4 500 bis 6 000 Jahren in den Flachwasserzonen der großen und kleinen Alpenseen errichtet. Hier konnten die Pfähle besonders gut in den Boden gerammt werden. Die Stelzen schützten die Menschen vor Hochwasser. Die Dörfer wurden durch hohe Zäune vor Raubüberfällen geschützt. In der Siedlung Bodman am Bodensee sind 60 000 senkrechte Pfähle im Boden gefunden worden. Um mit einem Steinbeil einen Baum von 15 Zentimeter Durchmesser zu fällen, brauchte man schätzungsweise eine dreiviertel Stunde.

Über die in den weichen Seegrund gerammten Pfähle wurden waagrecht Stämme gelegt und verzapft. Darüber band man Stapel von schwächeren Stämmen. So entstand eine Plattform. Darauf kamen die Hauswände aus Holz oder

■ **Wußtest du, daß ...**
- die ältesten „Konserven" aus der Seeufersiedlung Twann im Kanton Bern stammen und 5 700 Jahre alt sind? Dazu wurde Getreideschrot auf erhitzten Kieselsteinen getrocknet und gebacken (1). Diese „Konserven" aus Mehlbrei wurden wie Brühwürfel ins heiße Kochwasser gegeben, umgerührt und gekocht. Fertig war die Suppe!
- die ältesten Reste von Klopapier 6 000 Jahre alt sind und aus der Pfahlbausiedlung Hornstaad-Hörnle am Bodensee stammen? Untersuchungen ergaben, daß sich die Menschen damals mit Moospolstern abwischten (2)!
- daß man Getreide auf einem flachen Mahlstein mit einem Läuferstein mahlte (3)? Für 1 Kilogramm Mehl benötigte man etwa 40 Minuten.
- daß die Menschen in der Jungsteinzeit mit Harpunen mit Widerhaken (4) und Eberzahnhaken (5) geangelt haben?

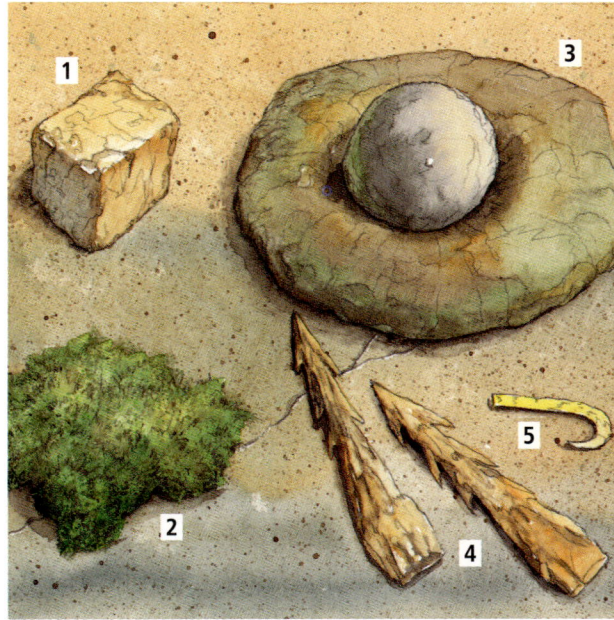

Rutengeflecht, die mit Lehm verstrichen wurden. Auf die Dachbalken wurde ein Schilfdach gesetzt. Ein teilweise überdachter Vorplatz sowie eine kleine Küche mit einem Wohn- und Schlafraum dahinter boten Platz für eine Familie.

Die für den Häuserbau abgeholzten Flächen wurden für den Ackerbau genutzt. Da der Boden von der ständigen Bebauung schnell ausgelaugt wurde, mußte man immer wieder neu roden. Die alten Äcker ließ man verwildern.

Rätselhafter Steinkreis

Mitten in einer Ebene in Südengland steht heute noch ein Kreis von wuchtig behauenen Steinen, keiner niedriger als 6 Meter und zum Teil mit Querstreben aus Stein verbunden. Innerhalb dieses mächtigen Kreises stehen fünf riesige Steintore in Hufeisenform. Das Ganze wird von den Resten eines kreisrunden Grabens umschlossen. An dessen Innenseite findet man 56 Löcher. Eine Straße führt von Nordwesten auf diese rätsel-

■ Der Eingang des Steinkreises von Stonehenge wird von zwei Steinsäulen flankiert. Er ist so angelegt, daß zur Zeit der Sommersonnenwende am 21. Juni die Sonne genau zwischen seinen beiden Pfosten aufgeht. Das weist auf eine Verehrung der Sonne hin.

■ Stonehenge, wir wir es heute sehen können, wurde nicht zu ein und derselben Zeit errichtet. Aufgrund der Ausgrabungen kann man den Bau der Anlage in mehrere Abschnitte unterteilen. Sie erstrecken sich zeitlich über 20 Jahrhunderte, von etwa 3100 v. Chr. bis 1100 nach Christus.

hafte Stätte „Stonehenge" zu. Was für ein technisches Können müssen die Erbauer besessen haben, um die bis zu 54 Tonnen schweren Steine so gekonnt aufeinanderzusetzen! Ein Stein wiegt immerhin soviel wie acht ausgewachsene Elefanten. Das Material wurde aus einer Entfernung von etwa 40 Kilometern herangeschleppt! Reste von Leichenbrand deuten darauf hin, daß man diese Stätte zu Beginn ihrer Nutzung für Begräbnisrituale nutzte.

Von der portugiesischen Atlantikküste bis hinauf nach Skandinavien und hinunter nach Süditalien findet man merkwürdige Steindenkmäler - die Megalithen. Einige haben Rundformen wie in Stonehenge, andere stehen in Reihen oder bilden einen Halbkreis.

In der Nähe des bretonischen Städtchens Carnac in Frankreich stehen über 1000

■ Auf der Heide von Menec bei Carnac in Frankreich stehen 1169 Menhire in 11 parallelen Reihen. Sie führen auf einen Halbkreis mit 70 Steinen zu.

Menhire (bretonisch: „langer Stein") in mehreren Reihen. Anderswo findet man Dolmen (bretonisch: „Steintische"). Das sind aufgestellte Steine mit einer wuchtigen Deckplatte zum Schutz der Grabkammern.

■ Pentre Ifan
Das Wissen um die ständige Wiederkehr führte Menschen dazu, an ein Leben nach dem Tod zu glauben. Um im Jenseits genauso leben zu können wie hier, errichtete man mächtige Grabmäler, die Dolmen. Man gab den Toten nur wenige Grabbeigaben mit ins Grab. Pentre Ifan bei Newport in Wales war ein Sippengrab. Offensichtlich liegt hier ein ganzes Dorf begraben, weil es auch im Jenseits zusammenbleiben wollte.

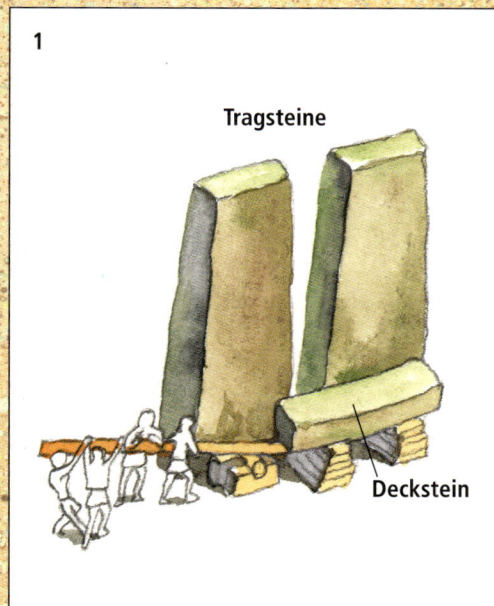

Wie wurde Stonehenge erbaut?
Um einen großen Stein loszutrennen, schlug der Steinbrucharbeiter eine Reihe Löcher in den Fels. In jedes Loch wurde ein Holzkeil getrieben und dann mit Wasser begossen. Die Holzkeile quollen auf und sprengten den Felsblock ab. Der Felsblock wurde mit Seilen umschnürt und über Rundhölzer aus Baumstämmen gezogen. Um die 50 Tonnen schweren Steine fast 40 Kilometer weit zu transportieren, brauchten 600 Männer etwa 1 Jahr. Ein Tragstein konnte aufgerichtet werden, indem er über die Fundamentgrube

gerollt und dann hochgestemmt wurde, bis er kippte und auf der Rampe der Grube zum Liegen kam. Mit Hilfe von Hebeln und Holzpackungen wurde der Tragstein mit Seilen in die Senkrechte gezogen.

Das Errichten der Steine
1. Die beiden Tragsteine hatten oben zwei Zapfen, die in die Löcher des Decksteins paßten. Um die Tragsteine wurde stückweise ein Gerüst aus überkreuzten Balken gebaut, auf das der Deckstein mit Hebeln hinaufgehievt wurde.

2. Sobald der Stein auf dem Gerüst lag, wurde es wieder ein Stück erhöht und der Stein erneut hinaufgehoben.
3. War die Gerüstdecke auf gleicher Höhe wie die Tragsteine, wurde der Deckstein mit Hebeln seitlich verschoben und auf die Zapfen eingepaßt.

■ Ötzi trug wetterfeste Lederkleidung und Schnürschuhe aus Wildleder, die mit Heu gefüttert waren (übrigens Schuhgröße 38), und eine Fellmütze. Neben ihm fand man einen Bogen aus Eibenholz und 14 Pfeile in einem Köcher, auch Schnüre und Schlingen zum Fallenstellen. Der Bogen war nicht gebrauchsfertig, und nur zwei Pfeile waren schußbereit. Ein paar winzig kleine Gewebeteilchen des Toten gaben mit Hilfe der Radiokarbonmethode Auskunft über das Alter von Ötzi: demnach starb er vor ziemlich genau 5 300 Jahren. Er lebte also zur Zeit der Pfahlbauern.

Verloren im Gebirge

Eisig fegte der Wind über die Felsen. Die Sonne verschwand hinter einem riesigen, grauschwarzen Wolkenberg. Wie schnell war aus dem warmen, lichten Spätsommertag ein stürmisch-kalter Herbsttag geworden!

Ein schwerbepackter Mann stieg den Berg hinauf. Er hielt kurz an, um sich seine Fellmütze tiefer ins Gesicht zu ziehen. Besorgt blickte er zu dem immer düster werdenden Himmel. „Ich hätte mich früher nach einem Unterschlupf umsehen sollen", schoß es ihm durch den Kopf. Er machte einen gehetzten Eindruck. Irgend etwas schien ihn voranzutreiben, als ob er verfolgt würde. Außerdem war er verletzt. „Ich finde den Weg nicht", murmelte er. „Ich hätte schwören können, daß ich schon weit genug aufgestiegen bin. Diese verdammten Wolken! Man sieht ja keinen Pfeilschuß weit."

Der Mann wußte, daß dieser überraschende Wetterumsturz Schnee bedeuten konnte. Komme, was wolle, er mußte versuchen, eines der Nachbartäler zu erreichen. In dieser Höhe wuchsen weder Busch noch Baum - und ohne Holz konnte er kein Feuer machen, um nicht zu erfrieren.

Unermüdlich stieg er weiter bergan. Aber die Landmarke, die ihm den Weg über den Alpenkamm weisen sollte, kam nicht in Sicht. Der Mann schaute sich nach einem windgeschützten Unterschlupf um und machte es sich so gut es ging unter einem kleinen Felsvorsprung bequem. Er kuschelte sich in seinen Strohumhang und nahm aus seinem Proviantbeutel den Rest seines Vorrats: Dörrfleisch und ein paar getrocknete Beeren. Dies mußte für heute reichen.

Aus dem Wind war mittlerweile ein starker Föhnsturm geworden. Der Mann wußte, daß er bei diesem Wetter, wenn er überleben wollte, nicht einschlafen durfte. Mühsam richtete er sich auf, um ein paar Schritte zu gehen. Doch er rutschte in der Dunkelheit aus und verlor seinen Köcher mit den Pfeilen. Mit letzter Kraft kroch er zurück zu seinem Unterschlupf. „Nicht einschlafen", sagte er sich immer wieder, „nicht einschlafen ..."

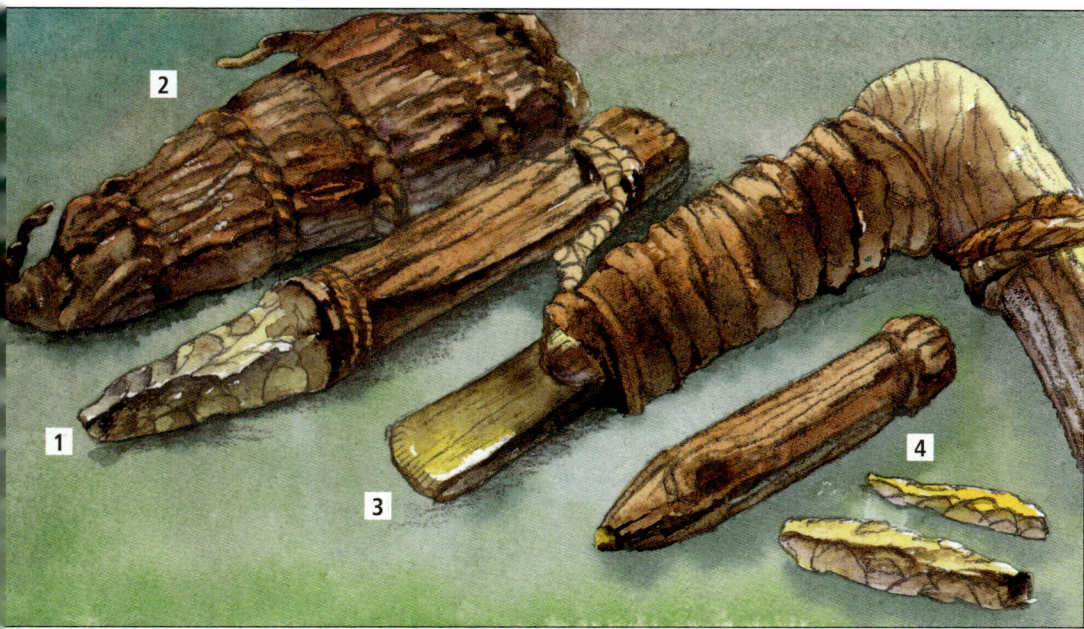

■ Der Steinzeitmann trug etwa 2,5 Kilo Ausrüstung mit sich: den unfertigen Bogen, einen Köcher mit Pfeilen, ein kleines Feuersteinmesser (1) mit Schaft (2), zwei Behälter aus Birkenrinde - in einem transportierte er in Blätter gehüllte, glühende Holzkohle - ein vollständig erhaltenes Beil (3), einen Dolch und eine hölzerne Rückentrage. In seiner Riementasche fanden sich die Reste eines Zunderschwamms, ein Knochen- und mehrere Feuersteingeräte (4).

Was wirklich an jenem Tag und in der darauffolgenden Nacht geschehen ist, läßt sich heute nur vermuten. Ziemlich genau 5 300 Jahre später, am 19. September 1991, wurde die Leiche dieses Mannes in den Ötztaler Alpen in der Nähe der Similaunhütte von Wanderern entdeckt.
Ihr Weg führte sie auf 3 210 Meter Höhe an einer schmalen, mit Schmelzwasser gefüllten Gletscherwanne entlang. Sie umgingen einen See und entdeckten etwas Sonderbares, das aus dem Eis herausragte: Unter dem Eis lag ein toter Mensch!

■ Die über 5 000 Jahre alte Mumie wurde auf dem Hauslabjoch in den Ötztaler Alpen entdeckt. Ungewöhnlich ist, daß die Mumie über Jahrtausende hinweg so gut erhalten blieb. Der Tote war vermutlich durch den Föhnwind getrocknet worden, bevor er für lange Zeit unter dem Gletscher verschwand.

Die bedeutendste archäologische Entdeckung seit Tutanchamun

Kaum hatten die Zeitungen und das Fernsehen von dem Fund erfahren, hatte der Tote auch schon seinen Spitznamen weg: Er wurde „Ötzi" genannt, nach dem Ötztal, in dessen hinterstem Winkel er gefunden worden war.
Am 23. September 1991 las Professor Konrad Spindler, Leiter des Instituts für Ur- und Frühgeschichte in Innsbruck, in der Zeitung von dem überraschend gut erhaltenen Leichenfund. Der Tote hatte ein Beil mit kupferner Klinge und einen Dolch mit Steinklinge bei sich. Das hieß, daß die Leiche mindestens 4 000 Jahre alt sein mußte. Damit war zum ersten Mal ein toter Steinzeitmensch gefunden worden, der nicht von Zeitgenossen begraben, sondern mitsamt seiner Ausrüstung mitten aus dem Leben gerissen und über Jahrtausende hinweg erstaunlich gut erhalten geblieben war.
Der Tote vom Hauslabjoch war 1,60 Meter groß und etwa 35 bis 40 Jahre alt. Das zeigt uns sein Skelett und der Abnutzungsgrad seiner Gelenke. Er hatte kariesfreie, aber stark abgenutzte Zähne, die wohl auf das häufige Essen von Getreidebrei zurückzuführen sind.
Heute liegt „Ötzi" in einer Kühlkammer der Universität Innsbruck. So soll er der Forschung für alle Zeit erhalten bleiben.

■ Der Gletschermann trug „Leggins" aus Ziegenfell, die mit Strapsen an einem Hüftgurt befestigt waren, außerdem einen Lendenschurz, ein ledernes Oberkleid, grasgefüllte Schuhe und eine Mütze. Ein Umhang aus geflochtenen Gräsern schützte ihn gegen Regen und Kälte.

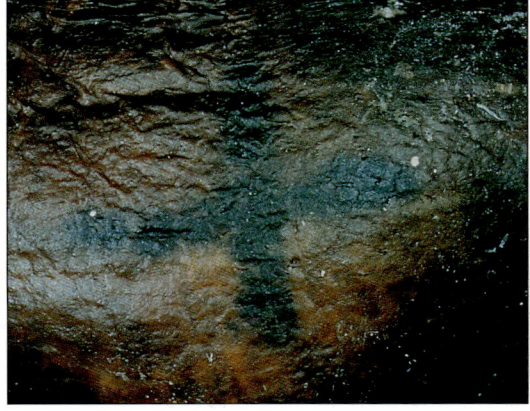

■ Merkwürdig sind die streifenartigen Tätowierungen auf dem Rücken, den Beinen und Füßen der Mumie. Forscher vermuten, daß hier vielleicht ein steinzeitlicher Heilkundiger versucht hat, den Mann mit eingebrannten Heilkräutern von möglichen Schmerzen im Rücken und an seinen Sprunggelenken zu befreien.

■ Die älteste Stadt der Welt ist Jericho im heutigen Israel. Als Wissenschaftler 1952 dort einen Rundturm mit einer Mauer ausgruben, staunten sie nicht schlecht: Die Steine der Anlage waren mit dem gleichen Mörtel zusammengehalten, wie ihn die Maurer heute noch benutzen. Das Ungewöhnliche daran ist, daß diese Befestigung fast 10 000 Jahre alt ist.

Damals wohnten innerhalb dieser durch einen Graben und eine Steinmauer geschützten Anlage etwa 2 000 bis 3 000 Menschen. Sie lebten in bienenkorbähnlichen Häusern aus luftgetrockneten Lehmziegeln und sicherten ihren Lebensunterhalt durch Ackerbau und Viehzucht. Außerdem hatten sie Anteil am Handel mit natürlichen Rohstoffen. Jericho ist nicht nur die älteste Stadt, die wir kennen, sondern sie ist auch Zeichen für neue Veränderungen in der Welt.

Leben in der Stadt

Vor ungefähr 10 000 Jahren entstanden die ersten jungsteinzeitlichen Städte. Zum ersten Mal in der Geschichte der Menschheit lebten auf kleiner Fläche mehrere tausend Menschen zusammen. Im Gegensatz zu den Dorfbewohnern konnte nicht jeder Städter ein eigenes Stück Land haben, von dem er lebte. Die Stadtbewohner mußten also anderen Berufen nachgehen, um ihren Lebensunterhalt zu verdienen. So bildeten sich die ersten Handwerker.

Zur Verteidigung gegen kriegerische Stämme wurden die Städte befestigt. Zuerst wurden die Bürger als Krieger eingesetzt, dann nur noch als Hilfswillige bei größeren Angriffen, während die Hauptlast Berufssoldaten übernahmen. Ein Mann hatte den Befehl über die Krieger. Er war zugleich oberster Priester. Dieser Priesterkönig stand an der Spitze einer neuen Gesellschaftsordnung. Ihm waren einige wenige, mächtige Adlige, eine breite Masse reicher Bürger und schließlich die Kriegsgefangenen als Sklaven unterstellt.

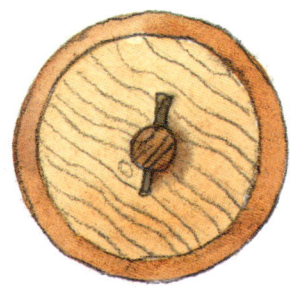

■ Die Erfindung des Rades war eine der wichtigsten Erfindungen der Menschheit. Wahrscheinlich ist es vor Tausenden von Jahren aus den Baumwalzen entstanden, die man unter schwere Gegenstände legte, um sie so leichter zu transportieren. Die ersten Räder waren massive Scheibenräder aus Holz.

Einen wichtigen Anteil an der Entwicklung der menschlichen Zivilisation hatten vor etwa 5 000 Jahren die Sumerer in Mesopotamien. Sie entwickelten die erste Schrift, eine von links nach rechts laufende Bilderschrift. Sie wird wegen der Keilformen, die das zugespitzte Ende des Rohrgriffels im weichen Ton hinterließ, „Keilschrift" genannt. Gesetze wurden auf Tontafeln und große Steine geritzt. Anstelle des Rechts des Stärkeren galten bald Gesetze und Vorschriften, an die sich Arme und Reiche zu halten hatten. Durch ihr Bewässerungssystem konnten die Sumerer die jährlichen Überflutungen von Euphrat und Tigris nutzen und den Äckern Wasser zuführen. Der Ernteertrag wurde außerdem durch weitere Erfindungen, wie zum Beispiel den vom Ochsen gezogenen Pflug, verbessert. Aber auch Wagenrad und Töpferscheibe kamen in Gebrauch.

■ Tafeln mit Keilschrift

■ Nur wenig jünger als Jericho ist die Handelsstadt Çatal Hüyük in der heutigen Türkei (unten). Um 6 500 vor Christus lebten dort bereits einige tausend Menschen. Der einzige Zugang ins Innere der Häuser führte über das Dach. Höhenunterschiede zwischen den einzelnen Häusern wurden durch Leitern ausgeglichen. Jeder Raum hatte nur kleine Fenster, einen Herd und einen Backofen. An den Wänden standen bankartige Erhebungen als Sitz- und Schlafgelegenheiten. Darunter begrub man die Toten der Familie, um ihnen so immer nahe zu sein.

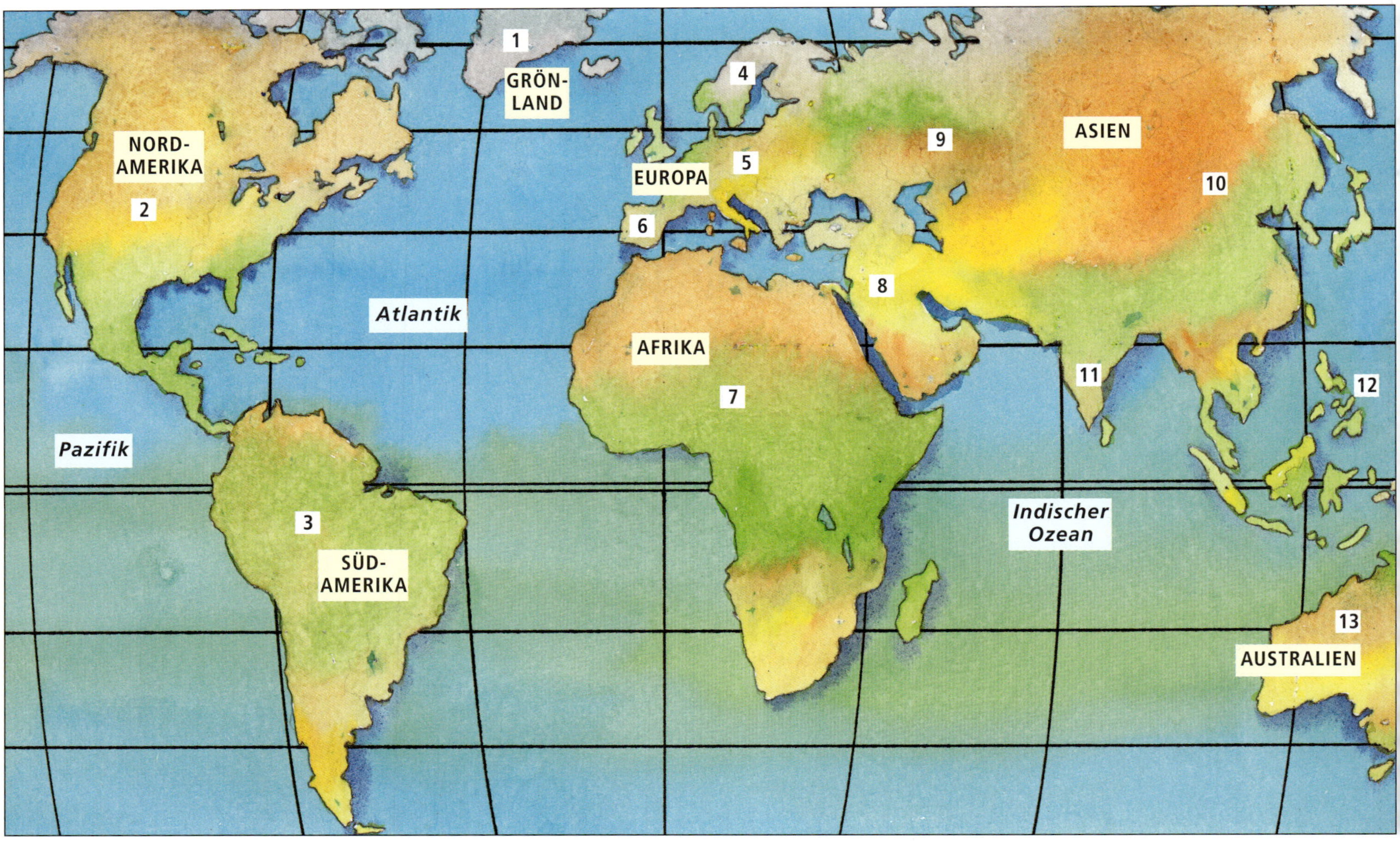

[Weltkarte mit Kontinenten und nummerierten Markierungen 1–13]

- GRÖN-LAND
- NORD-AMERIKA — 2
- Atlantik
- Pazifik
- 3
- SÜD-AMERIKA
- EUROPA — 5, 6
- AFRIKA — 7
- 4
- 9
- 8
- ASIEN — 10
- 11
- 12
- Indischer Ozean
- 13
- AUSTRALIEN

Warum sehen nicht alle Menschen gleich aus?

Die Urheimat des Homo sapiens war mit großer Wahrscheinlichkeit Ost- und Zentralafrika. Im Lauf vieler Generationen hat er sich aus dem Homo erectus entwickelt und schließlich über den Globus ausgebreitet. Dabei entstanden verschiedene Menschentypen.

Warum hast du große, blaue Augen, deine Schulkameradin aus Indien aber mandelförmige, dunkelbraune Augen? Warum sind die Menschen im Sudan groß, schlank und dunkelhäutig, während die Eskimos am Nordpol eher klein und stämmig sind und eine helle Hautfarbe haben? Am Äquator leben dunkelhäutige Menschen, in den sonnenärmeren Breiten dagegen hellhäutige Menschen.

Der Grund dafür ist ganz einfach: Dunkle Haut schützt am besten vor den schädlichen Folgen intensiver Sonneneinstrah-lung. Je weiter man nach Norden kommt, umso kürzer und weniger intensiv scheint die Sonne und desto heller ist die Haut der Menschen, die dort leben.

Auch wenn es scheint, daß sich die Menschen in den verschiedenen Kontinenten der Erde sehr voneinander unterscheiden, ist das bei näherer Betrachtung gar nicht wahr.

Richard Lewontin, ein amerikanischer Biologe, untersuchte viele Jahre lang die Erbanlagen von Menschen aus aller Welt. Dabei fand er heraus, daß sich die Erbanlagen der Menschen einer Bevölkerungsgruppe, also zum Beispiel eines europäischen Dorfes, beinahe genauso stark voneinander unterscheiden, wie deine Erbanlagen von denen eines australischen Ureinwohners.

Daß ein Mensch in Indien anders aussieht als zum Beispiel ein Chinese, liegt daran, daß er sich über viele Generationen hinweg an die vorherrschenden Umweltbedingungen seiner Heimat angepaßt hat.

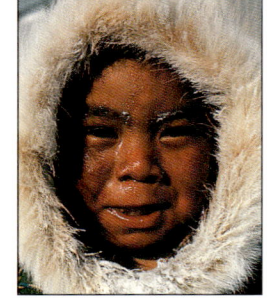

1 Als „Inuit" bezeichnen sich die Menschen der Arktis. „Inuit" bedeutet „Mensch". Die Inuit sind vor etwa 8 000 Jahren von Asien in das nördliche Sibirien, Alaska, die Aleuten, Nordkanada und Grönland eingewandert. Von dem Jäger- und Fischervolk leben heute etwa 100 000 Menschen.

2 Die Indianer Nordamerikas sind während der letzten Eiszeit von Asien her eingewandert. Sie besiedelten als erste den Kontinent Amerika. Mit der Ankunft der weißen Siedler wurden die Indianer immer weiter zurückgedrängt. Heute leben sie in Reservationen; das sind kleine Gebiete, die ihnen von der amerikanischen Regierung zugewiesen wurden.

3 Die Yanomami sind ein vom Aussterben bedrohter Indianerstamm in Südamerika. Sie sind Jäger und Sammler, leben aber auch vom Ackerbau. Die Großfamilien wohnen in festen Häusern mitten im Urwald.

4 In Nordeuropa scheint im Winter beinahe nie die Sonne. Die „Polarnacht" dauert fast sechs Monate. Danach herrscht sechs Monate lang Tag. Auch nachts ist es dann taghell. Die meisten Menschen in Nordeuropa haben helle Haut und blonde Haare.

5 Mitteleuropäer leben in weiten Teilen Frankreichs, in Deutschland, Österreich, der Schweiz, den Beneluxländern, England, Polen, Tschechien und der Slowakei. In fast jedem europäischen Land wird eine andere Sprache gesprochen.

7 Die Frauen in Schwarzafrika sind es gewohnt, schwere Lasten auf dem Kopf zu tragen und damit lange Strecken zurückzulegen. So holen sie zum Beispiel Wasser aus einer entfernt liegenden Quelle. Sie bebauen das Land und besorgen die Ernte, sammeln Feuerholz und kochen für ihre Familien. Die Kinder hüten die Tiere auf den Weiden, zum Beispiel Rinder.

6 Dieses Mädchen lebt in Spanien, das wie Italien zu Südeuropa zählt. Das Nationalgericht in Spanien heißt Paella, ein Reisgericht mit Gemüse, mehreren Fleischsorten, Muscheln und Meeresfrüchten.

8 Araber gibt es in ganz Nordafrika und auf der arabischen Halbinsel. Die meisten sind strenggläubige Muslime, das heißt, sie sind Angehörige des Islams. Sie leben als Bauern, Handwerker oder Händler in Städten oder ziehen als Nomaden umher.

9 In den Steppen des Hochgebirgslandes von Mittelasien leben die Kirgisen. Sie sind ein mit ihren Viehherden umherziehendes Nomadenvolk, das in Jurten wohnt. Jurten sind Zelte aus Jakfellen, die schnell auf- und abzubauen sind.

11 Die indischen Frauen schminken sich und tragen viel Silberschmuck an den Händen, aber auch um die Fußgelenke. Auf der Stirn haben sie einen farbigen Punkt. Hände und Füße der verheirateten Frauen sind mit feinen Zeichnungen aus Henna geschmückt.

10 Jeder vierte Mensch auf der Erde ist ein Chinese. Jeden Tag werden Tausende von Kindern geboren. Weil China zum volkreichsten Staat der Erde zählt, hat die chinesische Regierung eine strenge Anordnung erlassen: Sie erlaubt jeder Familie nur ein Kind. Eltern, die zwei oder mehr Kinder bekommen, müssen Strafe zahlen.

12 Die meisten Polynesier wohnen in Hütten, die auf Pfeilern stehen, damit kein Ungeziefer eindringen kann. Die Hütten sind mit Palmwedeln gedeckt.

13 Bis vor etwa 200 Jahren lebten in Australien nur die Aborigines. Heute haben die Weißen sie fast völlig aus ihren angestammten Gebieten verdrängt.

Völker, die es vielleicht bald nicht mehr gibt

In wenigen Gebieten der Welt, zum Beispiel dort, wo der Urwald von der Zivilisation nicht abgeholzt oder noch keine Bodenschätze entdeckt wurden, leben noch einige Naturvölker unter steinzeitlichen Bedingungen. Durch unseren unsinnigen Eifer, diesen Menschen unsere Religion und Lebensart aufzwängen zu wollen oder sie zu vertreiben, um an ihre Bodenschätze zu gelangen, sind sie und ihre Kultur vom Aussterben bedroht. Nur eine Methode könnte das Fortbestehen dieser Naturvölker in ihrem Lebensraum gewährleisten: sie in Ruhe zu lassen – zu ihrem und unserem Besten.

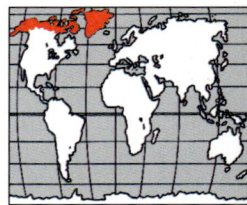

■ **Inuit (Einzahl: Inuk)**

heißt einfach „Menschen". Der bei uns häufig gebrauchte Name „Eskimo" kommt aus einer indianischen Sprachfamilie und bedeutet „Rohfleischesser". Als vor vielen tausend Jahren die Inuit von Innerasien nach Nordamerika kamen, war ganz Amerika bereits von den Indianern bevölkert. Den Neuankömmlingen blieben nur die unwirtlichen, bitterkalten Polarregionen der Arktis. Um zu überleben, paßten sie sich den äußerst extremen Umwelt- und Klimabedingungen an. Als einziges Volk der Welt schaffen sie es, sich nur mit tierischer Nahrung gesund zu halten. Die Inuit sind wesentlich weniger kälteempfindlich als die weiter südlich lebenden

Menschen. Bereits eine Temperatur um den Gefrierpunkt empfindet ein Inuk als heiß. Und noch bei -10 °C schläft er nachts ohne Decke auf seinem Schlitten! Bei derart niedrigen Temperaturen, wie sie in der Arktis herrschen, spielt die Bekleidung eine wichtige Rolle. Bevorzugt werden Hosen aus Eisbärenfell, da die fettreichen Haare des Pelzes neben dem Kälte- auch einen ausgezeichneten Feuchtigkeitsschutz bieten. Bis heute leben die Polarbewohner von der Jagd auf Karibus, Seehunde, Walrösser, Robben und Eisbären.

Nach dem Glauben der Inuit haben alle Lebewesen eine Seele. Darum muß ein Jäger ein Tier vorher fragen, ob er es töten darf.

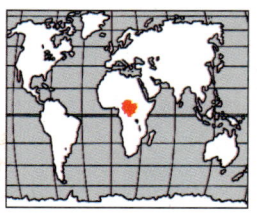

■ **Pygmäen**

Eine Gruppe von Pygmäen (griechisch: „die Faustgroßen") besteht aus einer häufig wechselnden Anzahl von Jägern mit ihren Frauen und Kindern. Durch ihren kleinwüchsigen Körperbau sind sie optimal an das Leben im dichten tropischen Regenwald von Zentralafrika angepaßt. Die Pygmäen haben keine Häuptlinge, weil sie alles gemeinsam entscheiden. Jeder Stamm bildet eine große Familie, bei der jede Altersgruppe eine besondere Aufgabe hat. So übernehmen alle älteren Stammesangehörigen die Rolle von Vätern und Müttern für alle jüngeren. Dabei ist es egal, wer tatsächlich die

Eltern der Kinder sind. Was die Pygmäen wirklich zu Steinzeitmenschen macht, sind ihre Jagdmethoden. Mit steinernem Handwerkszeug fertigen sie Pfeil, Bogen und Speere an, denen kein Beutetier entgeht, vor allem nicht, wenn die Spitze mit Gift bestrichen ist. Die Jäger jagen jedoch niemals mehr, als die Gruppe wirklich zum Essen benötigt. Das Töten der Beutetiere gilt nämlich als schwere Sünde. Jedesmal, wenn eine Gruppe auf Fleischbeschaffung loszieht, muß deshalb ein religiöses Ritual vollzogen werden – die Männer versammeln sich um ein Feuer, das die „Sünde" auslöschen soll.

■ Dieser Pygmäenmann schnitzt einen Pfeil für die Jagd. Er sitzt vor seiner Hütte; belaubte Zweige bedecken ein Gerüst aus kahlen Ästen und Zweigen.

■ Xingu-Indianer

Die Xingu-Indianer im Herzen Brasiliens unterscheiden sich von den meisten brasilianischen Waldvölkern durch ihren Widerstand gegen Eindringlinge. Den Lebensunterhalt des Stammes sichern die Frauen, die Männer kämpfen ums Überleben. Wenn nötig, ziehen sie mit ihren Keulen los und vertreiben unliebsame Fremde mit Gewalt.

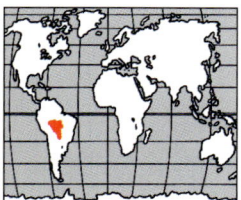

■ Aborigines

Mitten in der heißen Wüste Australiens leben die Aborigines (englisch: „Ureinwohner") so wie vor 50 000 Jahren, als sie diesen Kontinent besiedelten. Man nimmt an, daß sie am Ende der Eiszeit den Kontinent von Asien aus besiedelten. Damals war der Meeresspiegel noch niedriger als heute und es gab Landbrücken zwischen Asien und den großen Südseeinseln. Das Leben der schlanken, dunkelhäutigen Menschen ist vom Glauben an eine „Traumzeit" geprägt. Das war eine Periode in der dunklen Vorzeit, in der die Wüste nur von Totemtieren wie dem Känguruh, dem Opossum und der Wasserschlange bewohnt war. Diese Totems gaben den Menschen ihre Gebote und Verbote, und von ihnen leiten die Ureinwohner ihre Abstammung ab. An heiligen Plätzen hinterließen die Totemtiere ihre

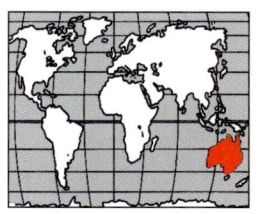

übernatürliche Kraft. Deshalb gehen die Aborigines immer wieder an diese Plätze, um dort neue Energie zu schöpfen.

Die Waffen der Aborigines waren früher Bumerang und Holzspeer. Mit einer Speerschleuder wurde der Speer auf hohe Geschwindigkeit gebracht.

Merkwürdige Tiere der Steinzeit, die es heute noch geben soll

Im Jahr 1938 fingen Fischer vor der südafrikanischen Küste einen Fisch, von dem es hieß, daß er schon seit 60 Millionen Jahren ausgestorben wäre. Es war ein Quastenflosser (1), ein entfernter Verwandter jener Fische, die sich auf dem Festland zu Amphibien entwickelten. Der letzte Tasmanische Tiger (2) starb 1936 in einem Zoo. Dieses Tier, das wie ein Hund mit gestreiftem Hinterkörper aussah, war das größte Beuteltier der Neuzeit. Als Fleischfresser wurde er gnadenlos gejagt. Trotzdem vermuten manche Forscher, daß einige Tiere im Busch überlebt haben.

Der aufrecht gehende Sasquatch (3) aus den kalten Bergregionen der USA soll 1,80 bis 2,40 Meter groß sein. Mehr als 2 000 Berichte wollen beweisen, daß es diese Affenart tatsächlich gibt. Gefundene Haarproben konnten keiner bekannten Tierart zugeordnet werden. Vielleicht ist der Sasquatch eine Überlebensform des urzeitlichen Riesenaffen Gigantopithecus. Geckos (4) sind meist nur wenige Zentimeter lang. In den sechziger Jahren stöberten zwei Reptilienforscher im Lager des Naturkundemuseums von Marseille das vergessene Präparat eines 60 Zentimeter langen Geckos auf. Als der Riesengecko 1990 in Neuseeland ausgestellt wurde, behaupteten viele Besucher, so ein Tier schon einmal lebend gesehen zu haben.

Der bedeutende Zoologe Marcellin Agnagna will 1983 im Norden des Kongos im Sumpf ein Reptil mit „elefantenartigem Körper, langem, dünnem Hals und kleinem Kopf" gesehen haben. In den Eingeborenensagen taucht schon seit 200 Jahren ein Tier mit Namen Mokele-mbembe (5) auf, was „der den Fluß stoppt" bedeutet. Der Urwaldriese könnte nach Meinung von Wissenschaftlern ein Nachkomme der Saurier aus der Kreidezeit von vor 65 Millionen Jahren sein.

Wie alt ist die Welt und woher kommt der Mensch?

Die Welt ist 6 000 Jahre alt! Bis vor etwa 450 Jahren waren sich die Gelehrten über dieses Alter der Erde einig.

■ Galileo Galilei mußte vor dem kirchlichen Gericht abschwören.

Außerdem waren sie der Überzeugung, daß die Erde im Mittelpunkt des Universums steht, und daß der Mensch von Gott geschaffen wurde. So war es in der Bibel nachzulesen. Aus Furcht vor Folter oder Scheiterhaufen wagte niemand, die Bibel und damit Gottes Wort in Zweifel zu ziehen.
Nikolaus Kopernikus (1473-1543) war einer der ersten Gelehrten, der aufgrund von Sternbeobachtungen erkannte, daß sich nicht die Erde, sondern die Sonne im Mittelpunkt unseres Planetensystems befindet. Kopernikus hatte Bedenken, sein neues Weltsystem zu veröffentlichen, denn die Vorstellung von der Erde irgendwo im All kam einer Gotteslästerung gleich. Der Gelehrte *Galileo Galilei (1564-1642)* bewies Kopernikus' Beobachtungen und wurde deswegen später von dem Gericht der Kirche dazu gezwungen, dieser Meinung abzuschwören.

Bislang hatte der Mensch als Wesen gegolten, das Gott aus Erde geformt hatte. Doch bereits im 17. Jahrhundert hatte der Engländer *Edward Tyson* eine Abhandlung veröffentlicht, in der er Schimpanse und Mensch aufgrund ihres Aussehens miteinander verglich.
Als die Kirche wissen wollte, wie alt die Erde war und wie lange es Menschen gab, errechnete der irische Erzbischof *James Ussher* im Jahr 1650 anhand der Bibel, daß die Schöpfung im Jahr 4004 vor Christus stattgefunden haben mußte. Knochenfunde oder Versteinerungen waren nach Meinung von Erzbischof Ussher Überreste von der Sintflut, die laut Bibel alles Leben ausgelöscht hatte. Nur ein Paar von jedem Lebewesen war von Noah in seine Arche aufgenommen und dadurch gerettet worden.

Hatten alle Tiere auf der Arche Platz?

Durch die Entdeckung neuer Länder und Kontinente wurden neben fremden Kulturen auch bisher unbekannte Tiere gefunden. Wie groß mußte die Arche

Der Schwede *Carl von Linné* (1707-1778) entwickelte ein System der Natur, in dem alle ihm bekannten Tiere, auch die Fossilien, benannt wurden. In seinem 1758 erschienenem Werk „Systema Naturae" („System der Natur") listete er nicht nur alle bekannten Lebewesen der Erde auf, sondern ordnete sie auch nach gemeinsamen äußeren Merkmalen.
Von Carl von Linné stammt die heute noch gültige Einteilung der Tiere und Pflanzen in Ordnungen, Gattungen und Arten. In dieses System stellte er auch den Menschen. Er bezeichnete ihn als „Homo sapiens", das heißt „der mit Vernunft Begabte".
Aufgrund seiner körperlichen Merkmale reihte Linné den Menschen in die Ordnung der Herrentiere (Primaten) ein, also zu den Halbaffen und Affen. Für Linné bedeutete das allerdings nicht, daß Mensch und Affe miteinander verwandt sind.

■ Carl von Linné ordnete alle bekannten Tiere ein.

■ Ein Beweis für die Verwandtschaft zwischen Affe und Mensch?

Noah gewesen sein, wenn sie all diesen Geschöpfen Platz geboten hatte?

Als der Schwede *Carl von Linné* im Jahr 1758 sein umfangreiches Werk „System der Natur" veröffentlichte, in dem er alle bekannten Tier- und Pflanzenarten zusammengestellt hatte, wurde es immer unwahrscheinlicher, daß diese Vielzahl von Tieren auf der Arche Noah Platz gehabt hatte.

Jetzt begannen Forscher, sich verstärkt mit dem Alter der Erde und der Herkunft des Menschen zu befassen. Der Engländer *Charles Lyell* (1797-1875) glaubte nicht an die Sintflut. Er versuchte nachzuweisen, daß die Natur, also Wind und Wetter oder die Gletscher, das Gesicht der Erde über Jahrmillionen geprägt und

immer weiter verändert hatte. Die „Lebenszeit" unserer Erde wurde nun in verschiedene Abschnitte eingeteilt, ähnlich wie in der Geschichte. Es gibt das Erdaltertum, das Erdmittelalter und die Erdneuzeit. Man erkannte, daß der Boden in unterschiedlich alte Schichten gegliedert werden kann. Durch Überreste von Tieren in diesen Schichten, den Fossilien, konnte man feststellen, welche Tiere in welcher Zeit gelebt hatten.

Charles Darwin ordnete den Menschen im 19. Jahrhundert in das Tierreich ein und behauptete, daß Affe und Mensch gemeinsamer Abstammung sind. Die Wissenschaftler waren in zwei Lager gespalten: Einige folgten Darwins Auffassung, zahlreiche andere lehnten sie ab.

Auf einer mehrjährigen Forschungsreise rund um die Welt sammelte *Charles Darwin* (1809-1882) nicht nur Informationen über die Tierwelt, sondern er machte sich auch Gedanken darüber, wie und warum die Natur so viele verschiedene Geschöpfe hervorgebracht hatte. Er kam zu dem Ergebnis, daß sich die verschiedenen Arten in einem langen Zeitraum ständig verändert haben, um sich ihren Lebensbedingungen, wie zum Beispiel dem Klima, anzupassen und so zu überleben.

Darwins Schrift „Die Entstehung der Arten" fand 1859 in der wissenschaftlichen Welt enormen Widerhall. Manche Wissenschaftler bekannten sich sofort zu seiner These, während ihn andere ablehnten oder sich über ihn lustig machten. Als Charles Darwin 1871 in seinem zweiten Buch „Der Ursprung des Menschen" den Menschen in das Tierreich einreihte und behauptete, daß Mensch und Affe gemeinsamer Abstammung sind, kam es zu einem Skandal. Durch Darwins Einordnung des Menschen in die Tierwelt verlor der Mensch seinen einzigartigen Platz als Krone der göttlichen Schöpfung.

■ Charles Darwin wurde wegen seiner Behauptung, daß Affe und Mensch die gleichen Vorfahren haben, von vielen Forschern verhöhnt.

■ **Ausgrabungsarbeiten im „Geißenklösterle"
auf der Schwäbischen Alb in Süddeutschland**
In dieser Höhle suchten vor etwa 35 000 Jahren
Steinzeitmenschen für kurze Zeit Unterschlupf, vielleicht während oder nach der Jagd oder bei un-
günstiger Witterung.
Seit 1974 wird die Höhle wissenschaftlich erforscht.
Zu den bedeutendsten Fundstücken zählen neben
der Zahnwurzel eines Wollnashorns, einem Elfen-
beinanhänger, zahlreichen Klingen und Knochen
auch ein Elfenbeinplättchen mit der Darstellung
eines Menschen und Kalksteine mit Farbspuren darauf.

Ein kriminalistisches Puzzlespiel

Wir wissen heute eine ganze Menge über
Lebewesen, die vor vielen Millionen Jahren gelebt haben und längst ausgestorben sind – unter anderem auch einiges
über unsere menschlichen Vorfahren. Die
Wissenschaft, die sich mit den alten und
ausgestorbenen Lebewesen beschäftigt,
nennt man „Paläontologie". Sie beschäf-

tigt sich mit der Entwicklung der Menschheit. Paläontologen sind richtige Detekti-
ve, die Fossilien und Knochen aufspüren.
Aus Steinbrüchen, Sandgruben, Höhlen
und Spalten bergen sie ihre Funde.
Lockere Ablagerungen werden mit Krat-
zern und feinen Pinseln entfernt. Doch
häufig liegen die Funde in einem harten
Gestein, und dann hilft nur der vorsich-
tige Einsatz von Meißel und Hammer.

Wie bei den Ermittlungsarbeiten der Kri-
minalpolizei wird jedes kleinste Fundstück
notiert, fotografiert und vermessen. Im
Labor werden die Funde schließlich
ausgewertet, zum Beispiel wird ihr Alter
bestimmt. Die Untersuchung der Versteinerungen und Knochenfunde erfolgt
heute mit den modernsten technischen
Hilfsmitteln: zum Beispiel Röntgen-
strahlen oder chemische Lösungen.

■ **Eine Karte der Ausgrabungsstätte** verzeichnet
neben den natürlichen Gegebenheiten der Höhle
alle Funde. Die Steinzeitmenschen haben im sogenannten „Geißenklösterle" Werkzeuge angefertigt,
ihre Jagdbeute mit Steinmessern zerteilt, Tierfelle
gegerbt und Elfenbein geschnitzt.
Zu den Jagdtieren zählten damals Wildpferde, Füch-
se und Hasen. Auch zwei Mammutschädel wurden
in der Höhle gefunden.

■ **Behutsam gehen die Wissenschaftler** bei der
Erforschung der Höhle vor. Damit nichts zerstört
wird, legen die Forscher die Steine mit Zahnarzt-
haken und feinen Pinseln frei. Die Wissenschaftler
müssen sehr vorsichtig, langsam und gründlich vor-
gehen, um nichts zu übersehen oder unfreiwillig zu
zerstören. Jeder Stein, jedes Staubkörnchen und
jeder Kalkbrocken wird genau registriert und zur
gründlichen Untersuchung im Labor eingesammelt.

■ **Jedes Fundstück** – der Zahn eines Wollnashorns
oder unzählige unscheinbare Steinsplitter – wird im
Labor wissenschaftlich untersucht. Die Funde werden datiert, untersucht, sortiert und sorgfältig im
Archiv gelagert. Fundstücke, die in viele Einzelteile
zersplittert sind, können im Labor wieder zu einer
Einheit zusammengesetzt werden.
Untersucht werden auch Pflanzenpollen und -spo-
ren, die sich in den Ablagerungen befinden. Sie
können Hinweise auf das damals vorherrschende
Klima geben.

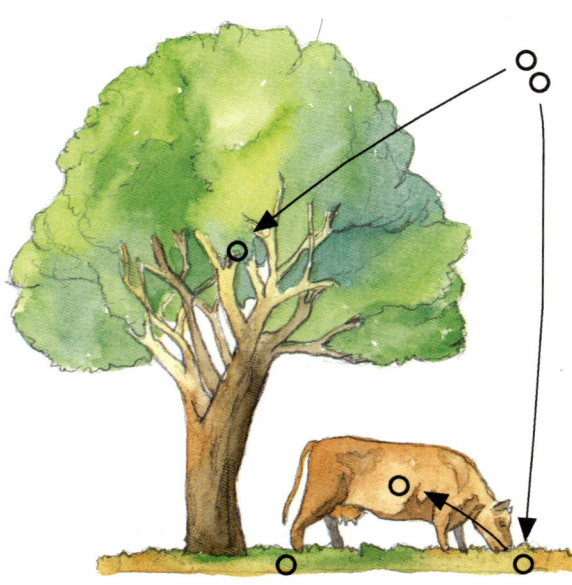

■ Damit wir uns ein Bild von unseren Vorfahren machen können, werden anhand von Knochenfunden die Gesichter der Urmenschen lebensecht nachgebildet.
Abgüsse von menschlichen Schädeln erhalten in einem aufwendigen Verfahren Gesichtszüge und Haare und werden zu wirklichkeitsgetreuen Modellen unserer Vorfahren.

■ Der Gipsabguß eines Originalschädels wird bearbeitet: Über einer Flamme wird die Nase eines Australopithecus africanus geformt.
Dies ist ein besonders schwieriger Arbeitsschritt, da die Breite der Nasenspitze und die Nasenflügel natürlich wirken sollen. Der Nasenknorpel wird entsprechend der Nasenöffnung des Schädels nachgeformt.

Radioaktive Kohlenstoffatome werden aus der Luft aufgenommen

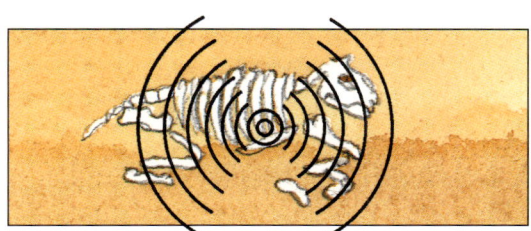

Nach 5 730 Jahren geben die Tierknochen nur noch die Hälfte an C14-Atomen ab. Nach 17 190 Jahren ist es nur noch ein Achtel.

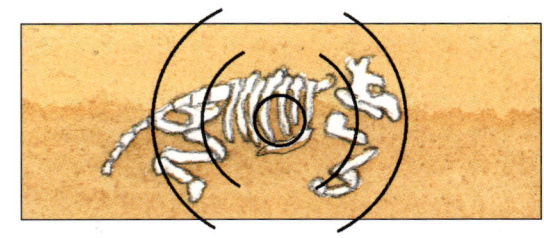

Nach 70 000 Jahren werden keine C14-Atome mehr abgegeben.

■ Auf den Gipsabguß des Schädels wird eine Auflage aus Plastilin gelegt, aus der die Gesichtsmuskulatur geformt wird.
Dazu werden an 45 Stellen Metallstifte eingesteckt und festgeklebt. Auf diese Stifte wird die Masse aufgelegt; daraus werden die Muskeln geformt. Außerdem werden die Lippen, die Mundwinkel und die Falten um den Mund herum gebildet. So bekommt der Schädel allmählich ein erkennbares Gesicht.

■ In die Augenhöhlen werden künstliche Augäpfel eingesetzt. Der Schädel erhält schließlich eine Hautoberfläche und Haare aus Modellierwachs. Die Hautfarbe der Modelle orientiert sich an den Menschenaffen und ist in der Regel dunkel.
Für die lebensechte Wirkung des Schädels sind wichtige Punkte zu beachten: So müssen zum Beispiel die Größenverhältnisse stimmen, und die Stirn muß im richtigen Winkel geneigt werden. Außerdem gibt es zahlreiche Unterschiede zwischen männlichen und weiblichen Schädeln, die ebenfalls berücksichtigt werden müssen.

■ **Die C14- oder Radiokarbonmethode**
In der Luft entstehen durch chemische Reaktionen Kohlenstoffatome, die radioaktiv sind. Diese sogenannten C14-Atome zerfallen innerhalb einer gewissen Zeit, bis sie mit unseren Meßinstrumenten nicht mehr nachweisbar sind. In 5 730 Jahren zerfällt von einem Gramm dieser Kohlenstoffatome die Hälfte; das verbliebene halbe Gramm zerfällt in den nächsten 5 730 Jahren zu einem Viertel usw. Solange ein Tier oder eine Pflanze lebt, nimmt sie ständig die radioaktiven Atome aus der Luft auf. Stirbt das Lebewesen, zerfällt der im Körper gelagerte Kohlenstoff. Je älter also ein Tierknochen oder eine abgestorbene Pflanze ist, um so weniger C14-Atome sind noch darin enthalten. Man kann die Menge an radioaktivem Kohlenstoff messen und daraus errechnen, wann das Lebewesen gestorben ist.

A

Abris: Nische unter einem Felsüberhang. Solche natürlichen Schutzdächer wurden von den altsteinzeitlichen Menschen oft als Rast- oder Siedlungsplatz genutzt.

Abschlag: Ein von einer Feuersteinknolle oder einem Geröllstück abgeschlagenes Stück Stein. Daraus wurden Messer oder Pfeil- und Speerspitzen gemacht. Aus dem Kern des Geröllstücks wurde oft ein Faustkeil hergestellt.

Altamira: Höhle in Nordspanien, in der 1879 Wandmalereien aus der jüngeren Altsteinzeit entdeckt wurden.

Anthropologie: Die Lehre von den Eigenschaften und Verhaltensweisen der Menschen. In diesem Buch bezieht sich Anthropologie auf die Abstammung und Entwicklung des Menschen (Evolution), sowie seine Anpassung an bestimmte geographische Verhältnisse.

Archäologie: Altertumskunde. Die oft nur als Bruchstücke vorhandenen Fundgegenstände oder Spuren aus der Vergangenheit werden untersucht und zeitlich und kunstgeschichtlich eingeordnet.

B

Bandkeramische Kultur: Nach der bänderartigen Musterung ihrer Tongefäße benannte jungsteinzeitliche Kultur in Mitteleuropa.

C

Cromagnon-Mensch: Der erste in der jüngeren Altsteinzeit lebende moderne Mensch (Homo sapiens sapiens). Seinen Namen erhielt er nach dem berühmten Knochenfund aus dem französischen Ort Crô-Magnon in der Dordogne.

E

Evolution (von lat. „evolvere" = herauswickeln, entwickeln): Bedeutet die allmählich fortschreitende Entwicklung der Lebewesen von einfachen zu höheren Formen.

F

Faustkeil: Keilförmiges, handliches Werkzeug, das aus einem Geröllstück oder einer Feuersteinknolle gearbeitet wurde. Faustkeile wurden über Jahrtausende hinweg zum Bohren, Stechen, Schlagen, Schneiden und Schaben verwendet.

Feuerstein: Zu Stein gewordene Kieselsäure. Man findet Feuerstein als Knollen eingeschlossen in Ablagerungen der Jura- und Kreidezeit. Das Innere einer Feuersteinknolle zeigt keine Kristallstruktur und ist deshalb in jede Richtung durch Schlag oder Druck spaltbar. Dabei entstehen messerscharfe Kanten.

Fossil: Versteinerter Abdruck oder Rest eines Lebewesens aus der Vorzeit.

G

Grabstock: Zugespitzter Stock, der zum Ausgraben von Wurzeln und zum Auflockern des Bodens vor dem Säen dient.

H

Hebräisch: Weil das Alte Testament in dieser Sprache abgefaßt worden war, galt Hebräisch lange Zeit als Ursprache. Heute ist Hebräisch die Landessprache Israels.

Hominiden: „Menschenartige". Wissenschaftliche Sammelbezeichnung für die ausgestorbene Gattung Australopithecus sowie für die Gattung Homo.

K

Kajak: Schmales, bis auf ein Sitzloch geschlossenes Einmannboot der Eskimos. Ursprünglich bestand es aus einem mit einer Tierhaut bespannten Holz- oder Walfischknochengestell. Es wird mit einem Doppelpaddel vorangetrieben.

Keramik: Sammelbezeichnung für alle aus Ton hergestellten Gegenstände.

Klima: Durchschnittlicher Wetterablauf über lange Zeit in einem bestimmten Gebiet.

Kultur: Die Summe aller Werte, die Menschen schaffen. Sie drückt sich in Gegenständen, z. B. Art der Wohnung, Kleidung oder Haushaltsgegenstände, aus, in persönlichen Gewohnheiten, z. B. wie sich die Menschen ihren Tages-, Wochen- und Jahresablauf einteilen und in typischen Verhaltensweisen, z. B. in Bräuchen wie an Weihnachten und Ostern. Von den Kulturen der Ur- und Frühgeschichte können wir uns meist nur ein Bild aus gefun-

■ Der irische Erzbischof James Ussher errechnete anhand der Bibel das Alter der Welt und kam zu dem Ergebnis, daß die Schöpfung der Erde im Jahr 4004 vor Christus stattgefunden habe.

■ Als der französische Naturforscher Georges Louis Buffon im 18. Jahrhundert die These aufstellte, daß die Erde mindestens 70 000 Jahre alt sei, mußte er Hals über Kopf aus Paris fliehen, aus Angst hingerichtet zu werden.

denen Gegenständen machen, weil andere Zeugnisse fehlen.

Lascaux: 140 Meter tiefe und weit verzweigte Höhle in der südfranzösischen Dordogne. Hier wurden 1940 Malereien aus der jüngeren Altsteinzeit gefunden. Dargestellt sind Wildpferde, Urrinder, Hirsche, Steinböcke, aber auch Wisente, Wildkatzen und Maskentänzer.

Leichenbrand: Skelettreste aus Feuerbestattungen. Seit der Jungsteinzeit wurden Tote oft auf Scheiterhaufen verbrannt. Die Brandreste wurden anschließend in besonderen Gruben oder Urnen beigesetzt.

M

Mesopotamien (griech.: „Land zwischen den zwei Strömen"): So wurde das Land zwischen den Flüßen Euphrat und Tigris (heute in Syrien und Irak) genannt. In Mesopotamien lagen die großen altorientalischen Reiche von Babylonien und Assyrien.

Meteoriten: Kleinere oder größere Festkörper aus dem Weltall. Beim Eindringen in die Erdatmosphäre verglühen Meteoriten ganz oder nur teilweise. Dabei hinterlassen sie eine Lichtspur (Sternschnuppe). Meteoritenkrater von bis zu 100 Meter Tiefe sind auf Meteoriten zurückzuführen, die beim Aufprall verdampfen.

Moränen: Wenn Gletscher sich langsam, aber mit ungeheurer Kraft vorwärtsschieben, reißen sie Felsbrocken mit. Je nach seiner Beschaffenheit wird der Fels zwischen dem Eis zu feinem Sand, Schutt oder Geröll zerrieben. Ein Teil des Schutts ist schwerer als Eis und sammelt sich in Bodenunebenheiten am Gletscherboden (Grundmoräne). Das Geröll, das der Gletscher vor sich herschiebt und schließlich als ganze Hügellandschaften (zum Beispiel das Allgäu) liegen läßt, ist die Endmoräne. Schuttanhäufungen an den Gletscherseiten sind die Seitenmoränen.

N

Niaux: Über 1,4 Kilometer lange Höhle in den französischen Pyrenäen. Berühmt ist Niaux durch seine bedeutenden Wandmalereien aus der jüngeren Altsteinzeit.

O

Ocker: Gemisch aus Brauneisenstein mit Ton, Quarz und Kalk. Das gemahlene Mineral liefert rote, gelbe und auch braune Farbtöne. Es wurde bereits in der Altsteinzeit als Malerfarbe verwendet.

P

Paläanthropologie: Lehre von den fossilen Menschenartigen und Menschen. Sie ist ein Teilgebiet der Anthropologie.

Paläontologie: Lehre von den ausgestorbenen Lebewesen und ihrer Entwicklung im Verlauf der Erdgeschichte.

Parodontose: Langsamer Schwund des Zahnfleisches bis hin zu den Zahnwurzeln. Dadurch werden die Zähne locker und fallen schließlich aus.

Pfriem (auch Ahle): Spitzes Werkzeug zum Löchervorstechen in Leder und andere Materialien.

Phryger: Antikes Volk aus dem westlichen Inneranatolien (heute Türkei).

Primaten: Herrentiere. So wird nach dem biologischen Einteilungsprinzip eine Ordnung der Säugetiere genannt. Sie umfaßt neben den Halbaffen und Affen auch die Menschenaffen und Menschen.

Pyrit (auch Schwefelkies, Eisenkies oder Katzengold): Messingfarbenes bis goldgelbes Mineral. Pyrit wurde bereits in der Steinzeit zum Feuermachen benutzt.

R

Rouffignac: 10 Kilometer lange Höhle in der Nähe des südfranzösischen Ortes Périgueux mit zahlreichen Wandmalereien aus der jüngeren Altsteinzeit.

S

Sumerer: Mächtiges, altorientalisches Volk in Mittel- und Südbabylonien. Die Sumerer haben die Keilschrift entwickelt.

T

Tundra: Kalte Landschaftszone, die hauptsächlich von Moosen, Flechten und Zwergstrauchheiden bewachsen ist. Das ganze Jahr über herrschen niedrige Temperaturen mit geringen Niederschlägen. Der Boden ist immer gefroren, deshalb wachsen Pflanzen nur sehr langsam.

Z

Zunderschwamm: Baumpilz auf Birken und Buchen. In getrocknetem Zustand ist das Innere des Fruchtkörpers leicht entzündbar. Durch auftreffende Funken kann es zum Glimmen gebracht werden. Der Zunderschwamm wurde in der Steinzeit für das Feuermachen verwendet.

Vor… Jahren	Urmenschen	Erfindungen

5 Mio.

 Australopithecus

3 Mio.

 Homo habilis

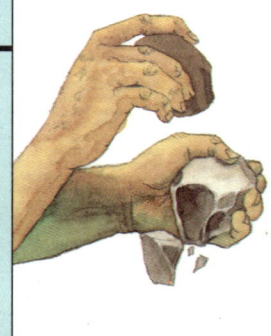 Steinwerkzeuge

1 Mio.

 Homo erectus

300 000

 Steinheimer

 Feuer

80 000

 Neandertaler

 Erste Begräbnisse

40 000

 Cromagnon Mensch

 Kunst

10 000

Erste Städte